2021辽宁省教育厅人文社会科学研究项目（面上项目）成果（项目批准号LJKR0509）
鲁迅美术学院学术著作出版基金资助出版

共享互为策略下的东北红色文旅与乡村振兴研究

苏欣　马雪　著

中国戏剧出版社
CHINA THEATRE PRESS

图书在版编目（CIP）数据

共享互为策略下的东北红色文旅与乡村振兴研究 / 苏欣，马雪著. -- 北京：中国戏剧出版社，2024.9.
ISBN 978-7-104-05558-7

Ⅰ. F592.73；F327.3
中国国家版本馆CIP数据核字第2024410BP9号

共享互为策略下的东北红色文旅与乡村振兴研究

责任编辑：赵宇欣
责任印制：冯志强

出版发行：	中国戏剧出版社
出 版 人：	樊国宾
社　　址：	北京市西城区天宁寺前街2号国家音乐产业基地L座
邮　　编：	100055
网　　址：	www.theatrebook.cn
电　　话：	010-63385980（总编室）　010-63381560（发行部）
传　　真：	010-63381560

读者服务：010-63381560
邮购地址：北京市西城区天宁寺前街 2 号国家音乐产业基地 L 座

印　　刷：	北京九州迅驰传媒文化有限公司
开　　本：	787mm×1092mm　1/16
印　　张：	9.5
字　　数：	130千字
版　　次：	2024年9月　北京第1版第1次印刷
书　　号：	ISBN 978-7-104-05558-7
定　　价：	60.00元

版权专有，违者必究；如有质量问题，请与出版社联系调换。

目 录

第一章
引 言

第一节 研究背景与意义 / 003

第二节 文献综述 / 007

第三节 相关概念界定与理论基础 / 019

第四节 研究思路 / 033

第二章
四平市红色文旅资源与乡村振兴实践

第一节 四平市红色资源概况 / 037

第二节 四平市红色文旅资源与乡村振兴实践 / 047

第三节 四平市红色文旅资源与乡村振兴实践的成功经验 / 056

第三章
辽宁省红色文旅资源与乡村振兴实践的经验

第一节　辽宁省红色文旅资源 / 071

第二节　辽宁"六地"红色文旅的成功实践 / 091

第四章
共享互为策略下的东北红色文旅与乡村振兴整合路径

第一节　共享互为策略下的东北红色文旅与乡村振兴整合思路 / 111

第二节　共享互为策略下的东北红色文旅与乡村振兴整合路径 / 118

第三节　共享互为策略下的东北红色文旅与乡村振兴的未来展望 / 132

结　语 / 139

参考文献 / 141

第一章

引 言

第一节 研究背景与意义

一、研究背景

红色文化,作为中国特有的精神财富,源于革命战争时期。在中华民族追求独立、自由、民主和富强的历史征程中,这种文化不断进步,与时俱进。自从实施乡村振兴战略以来,这种充满区域特色且种类繁多的文化资源已广泛存在于我国乡村地区,成为推动乡村全面振兴的重要助力。同时,乡村振兴战略的"五位一体"总要求不仅为红色文化的价值发掘提供了方向,也规范了其开发利用与传承的具体路径,从而为其价值的进一步转化确定了总体框架。

党的二十大报告提出,坚持以文塑旅、以旅彰文,推进文化和旅游深度融合发展。"十四五"规划纲要明确提出了"推动文化和旅游融合发展,建设一批富有文化底蕴的世界级旅游景区和度假区,打造一批文化特色鲜明的国家级旅游休闲城市和街区,发展红色旅游和乡村旅游"的发展思路。[①] 在

---

① 中华人民共和国中央人民政府:《中华人民共和国国民经济和社会发展第十四个五年规划和2035年远景目标纲要》,2021年3月13日。

国家积极推行乡村振兴战略和文化强国战略的大背景下，红色文旅与乡村振兴的融合已成为时代发展的紧迫需求。这种融合不仅是实现乡村产业繁荣、生态宜居、乡风文明、治理有效和生活富裕的关键，也是构建中国式现代化的重要组成部分。

红色文化是革命战争时期由中国共产党人、先进分子和人民群众共同创造的先进文化，不仅具有鲜明的中国特色，还蕴含着丰富的革命精神和深厚的历史文化内涵。乡村地区作为近代革命文化的孕育和滋养之地，与红色文化形成了天然的共生关系，因此，红色文化与乡村文化旅游的融合发展既是可行的，也是必要的。

四平市是东北地区在乡村红色文旅融合发展方面较为成功的案例，因此，本书从乡村振兴的角度出发，选取四平市红色文化作为主要研究对象，具体理由如下：一方面，四平市红色文化地域特色鲜明，以其自身独特要点为"听党指挥、敢于胜利、植根人民、一往无前"的四战四平精神为全国所熟知。2020年7月22日，习近平总书记视察吉林省四平战役纪念馆时感慨地说："四战四平只是我们党领导人民进行武装斗争过程中的一次重大战役。我们从八一南昌起义到井冈山斗争，从艰苦卓绝的长征、抗日战争，再到解放战争、抗美援朝，是革命烈士的鲜血铸就了革命成功，我们一定要牢记新中国来之不易。要让14亿人民、9600多万党员特别是各级领导干部很好学习中国共产党党史、新中国史。创业难，守业更难，我们一定要守住中国共产党领导人民创立的社会主义伟大事业，世世代代传承下去。"因此，以其为代表的红色文化代代流传，早已渗透在这片区域民众的骨子里，成为塑造新一代社会主义接班人的重要精神力量。另一方面，四平市及其周边地区有着深厚的近现代红色文化底蕴。作为东北的军事重地，四平市被誉为吉林省的"南大门"。同时，四平市也是我国规划"红色文旅"第26条线路的第1站。

近年来，四平市积极弘扬红色文化精神，发掘红色文化景点，塑造红色文化名片,有关红色文旅的相关政策均秉承着突出保护优先,彰显教育功能;坚持实事求是,保持红色底色;坚持突出重点,优化发展布局;加强统筹协调,推进融合发展;推进改革创新,增强发展活力"五大"原则进行编制,坚持走政治、社会效益优先,文化、生态、经济效益并重的科学发展之路。这为我们积极推动红色文化弘扬和乡村文化振兴的深度融合,积极推动东北地区红色文旅资源和东北红色文化精神的共享互为提供了可资借鉴的宝贵经验。

二、研究意义

(一)理论价值

红色文旅作为推动乡村振兴的关键元素之一,不仅是中国乡村经济新的增长点,而且在解决"三农"问题、提升区域文化认同感和增强社会凝聚力方面发挥了重要作用。本书研究探讨如何通过红色文旅资源的有效利用促进乡村振兴,不仅补充了红色文旅主题的相关研究,同时也更加深入地揭示了红色文旅在推动区域经济和文化发展中的独特价值。

此外,通过构建一个综合性的理论框架,本书明确了红色文旅资源在促进地方发展方面的多重功能和机制,从而为此类研究提供了新的理论视角,促进了红色文旅研究与乡村振兴战略的理论整合。

(二)现实意义

东北地区乡村旅游资源丰富多样,乡村旅游发展潜力较大,随着乡村振兴战略的深入实施和政策的持续支持,乡村旅游不仅满足了人们对美好生活的向往,还转变了乡村经济的发展模式,成为推动乡村经济新动能的重要途径。这一发展对于缩小城乡差距、实现城乡居民共同富裕具有深远意义。

此外,通过发展红色文旅来传播中国故事也具有重要意义。深入讲述中国的红色故事不仅能向全球展示中国红色文化的魅力,而且也能助力世界更全面地理解中国。这有助于呈现一个真实、多维、完整的中国形象,进而有效提升国家的文化软实力。①

为了进一步促进东北三省乡村旅游的发展,本书通过整理相关资料与实地调研,将四平市作为实践地,以结合乡村振兴目标,探索如何有效地利用红色文化旅游资源,从而促进乡村经济和社会的全面发展,旨在为东北地区的红色文旅发展与乡村振兴提供新的策略参考。

---

① 习近平:《决胜全面建成小康社会 夺取新时代中国特色社会主义伟大胜利——在中国共产党第十九次全国代表大会上的报告》,《思想政治工作研究》2017 年第 11 期。

第二节 文献综述

一、乡村振兴相关研究

乡村是相对于城市的一个地域概念，指的是城市建成区以外的广阔乡村地区。① 随着城市化和工业化的加速推进，农村要素不断流向城市，导致农村经济衰退、城乡差距不断扩大，以及农村发展不足等一系列问题。在此背景下，党的十九大报告首次提出的乡村振兴战略，成为新时代推进农业和农村工作的核心，也是新时代中国特色社会主义建设的重要组成部分。这一战略有助于有效推动乡村的全面发展和城乡一体化进程。② 报告提出产业兴旺、生态宜居、乡风文明、治理有效、生活富裕的总要求，对实施乡村振兴战略进行阶段性谋划，并明确乡村振兴的目标。这既是总要求也是总目标，涵盖了实现乡村振兴的五个方面。其中，"产业兴旺"侧重于通过发展乡村经济和产业提高村民的收入和生活质量；"生态宜居"关注保护和改善乡村生态环

---
① 刘彦随、周扬、李玉恒：《中国乡村地域系统与乡村振兴战略》，《地理学报》2019年第12期。
② 习近平：《在庆祝中国共产党成立九十五周年大会上的讲话》，《中共党史研究》2016年第7期。

境,使乡村成为适宜居住和工作的地方;"乡风文明"强调培养和实践良好的乡村社会风尚与文明乡风;"治理有效"着重于提升乡村治理能力和效能;"生活富裕"则强调改善村民的生活条件,提高他们的幸福感和获得感。实现这五大目标需要时间,不可能一蹴而就,而是需要各方的共同参与和努力,逐步推动乡村产业振兴、人才振兴、文化振兴、生态振兴和组织振兴,以实现乡村的全面振兴。

乡村振兴战略是专门针对中国农村地区的问题而提出的,国外虽然没有"乡村振兴"这一具体概念,但不同国家根据自身农村地区面临的问题,也提出了各自的政策和战略。例如,德国的"村庄更新"、日本的"造村运动"、韩国的"新村运动"等,这些策略和中国的乡村振兴战略在本质上都旨在解决乡村发展中的问题,推动乡村地区的全面发展。

西方国家的实践已经证明,旅游业是实现乡村振兴的重要推动力。[1] 乡村旅游自旅游学诞生之初便是一个重要的研究课题,但直到21世纪初,它才成为一个独立的研究对象并开始受到旅游学术界的广泛关注。[2] 在许多国家,旅游业被视为乡村地区传统产业和衰退产业的替代产业,它还被认为是乡村文化和整个社会的重要连接方式,因此受到了各国政府的高度重视。[3]

随着欧洲乡村发展改革的深入,旅游业在乡村振兴中的角色得到了进一步的认识。学者们对旅游业,对乡村社区、经济、文化等方面的深刻影响进行了全面探讨。[4] 基于对落后农村地区旅游可持续发展问题的关注,欧洲多

---

[1] 李燕琴:《乡村振兴战略的推进路径、创新逻辑与实施要点——基于欧洲一体化乡村旅游框架的启示》,《云南民族大学学报(哲学社会科学版)》2019年第4期。

[2] Gartner W. C. "Rural tourism development in the USA", *International Journal of Tourism Research*, 2004, pp.151-164.

[3] 张环宙、许欣、周永广:《外国乡村旅游发展经验及对中国的借鉴》,《人文地理》2007年第4期。

[4] Nilsson P. Å. "Staying on farms: An ideological background", *Annals of tourism research*, 2002, pp.7-24.

国于 2000 年联合提出了"一体化乡村旅游"（IRT: Integrated Rural Tourism）发展框架，以推动落后乡村的全面振兴和繁荣发展。这是一个兼顾乡村经济、社会文化、生态环境、生计资本与旅游发展等多重价值的理论框架，它是解决乡村人口流动、乡村性和旅游之间问题的有效工具。①

总的来说，国外关于乡村发展的研究主要集中在欧美国家，对发展中国家的关注较少。在研究方法上，国外的定性研究十分深入，而量化研究则非常规范，这些都值得国内学者学习和借鉴。此外，国外的研究视角倡导多学科交融，打破学科界限，通过综合应用农村经济学、乡村地理学、旅游地理学、社会学、统计学等多个学科的理论与方法来开展研究，因此研究成果十分丰富。然而，由于欧美各国之间存在的制度和文化背景差异，很多研究成果在理论概括和提升上缺乏可归纳性和可比性。②

国内学者对乡村振兴的研究主要集中在内涵解析、重点内容、实现路径等方面，同时从地理学角度分析了城乡融合与乡村振兴的基础理论和互动关系。关于实施乡村振兴战略重要性主题方面的研究，《乡村振兴战略规划（2018—2022 年）》深入剖析了实施乡村振兴战略的重要意义、发展目标和总要求。③刘彦随分析了乡村发展面临的问题，总结了乡村振兴的五大发展目标：经济建设、生态文明建设、文化建设、政治建设和社会建设。他提出了遵循乡村发展规律，通过乡村振兴解决发展问题的方法，并设计了两类乡村振兴评估指标体系。④张海鹏等人在阐述乡村振兴战略的主要思想、现实意义和理论创新基础上，提出了实现乡村振兴的发展路径。⑤何仁伟探讨了城

---

① Saarinen J., Lenao M. "Integrating tourism to rural development and planning in the developing world", *Development Southern Africa*, 2014, pp.363-372.
② 张歆梅：《乡村旅游中游客导向的乡村性研究》，复旦大学出版社 2020 年版。
③ 中华人民共和国国务院：《乡村振兴战略规划（2018—2022 年）》，2018 年 9 月 26 日。
④ 刘彦随：《中国新时代城乡融合与乡村振兴》，《地理学报》2018 年第 4 期。
⑤ 张海鹏、郜亮亮、闫坤：《乡村振兴战略思想的理论渊源、主要创新和实现路径》，《中国农村经济》2018 年第 11 期。

乡融合与乡村振兴的基础理论，剖析了两者的相互关系，提出了中国城乡融合与乡村振兴的实现路径及研究领域。①文丰安指出，乡村振兴的实施为新发展阶段下的"三农"工作提供了明确的方向和指南，是促进城乡融合发展的重要路径，是解决当前中国农村社会主要矛盾的战略举措，也是中国广大农村实现共同富裕的必经之路。②谢治菊和李恺茵认为，需要从四个方面强化脱贫攻坚与乡村振兴战略相关政策的衔接：政策内容要更注重统筹兼顾与城乡融合、政策对象要更明确分层分类与因地施策、政策主体要重视协同治理与多元合作、政策思路要转向造血帮扶与长效机制。③

国内关于乡村振兴与乡村旅游关系的研究已有逾30年的历史。研究的进程和侧重点表明，20世纪90年代，国内乡村旅游刚开始兴起，对其理论与实践的认知较为初步，相关研究不多，少数研究主要集中在我国乡村旅游资源的利用、产品开发和可持续发展等方面。④进入21世纪，乡村旅游逐渐成为农村经济发展的新增长点，⑤学者们从资源导向和市场导向的双重视角出发，广泛讨论了乡村旅游的概念内涵、特征、分类等，形成了以"物—人"关系为中心的研究导向。

部分学者已对旅游业推动乡村振兴的逻辑机理和动力机制进行了探讨。蒙艳华和吴媛姣认为，全域旅游是乡村振兴的有效手段，通过坚持"生态保护与全域旅游并重、脱贫攻坚与乡村振兴并行"的策略，可以实现新农村的

---

① 何仁伟：《城乡融合与乡村振兴：理论探讨、机理阐释与实现路径》，《地理研究》2018年第11期。
② 文丰安：《全面实施乡村振兴战略：重要性、动力及促进机制》，《东岳论丛》2022年第3期。
③ 谢治菊、李恺茵：《我国脱贫攻坚政策的变迁及其与乡村振兴战略的衔接》，《公共治理研究》2022年第2期。
④ 黄震方、陆林、肖飞等：《"双循环"新格局与旅游高质量发展：理论思考与创新实践》，《中国名城》2021年第2期。
⑤ 李志飞：《乡村旅游存在库兹涅茨曲线吗？》，《旅游学刊》2021年第4期。

"美丽生态、创新开放、繁荣小康"。① 陆林等指出，理解旅游与乡村振兴的内在联系及互动机制，以及旅游在乡村人地关系系统中的作用，是乡村旅游促进乡村振兴的关键科学问题。② 李志龙分析了乡村振兴与乡村旅游的相互关系和作用机制，指出乡村振兴子系统与旅游业子系统在乡村地域系统中相互作用和影响，形成了有机耦合的整体。③ 项晓艳研究了全域旅游对县域乡村振兴的驱动机理和实践路径。④ 向延平从"三农"视角、生产要素视角、效应导向视角、目标导向视角分析了乡村旅游推动乡村振兴的内在机理，并从乡村生产、生活、生态、人力、组织等方面构建了旅游驱动乡村振兴的动力机制。⑤ 邓小海提出了乡村旅游发展动力转换的实现路径，建议从政府主导转向市场主导、从要素驱动转向创新驱动、从单一动力转向综合动力，以协助乡村从"脱贫"过渡到"振兴"。⑥

部分学者认为旅游业发展是驱动乡村振兴实现的重要路径。乡村振兴是一个复杂的系统工程，涉及"人、地、钱、业"等诸多要素，葛全胜系统分析了旅游业促进乡村振兴的作用和路径，具体表现在推动了从农业到服务业跨越式发展，创新了农民本土就业模式，实现了对乡土文化自发自觉的保护，提出了"共建共享"的乡村治理模式，创造了新型乡村诗意栖居模式。⑦ 宋瑞认为旅游助力乡村振兴要把出发点和落脚点放在农民身上，使农民更深入

---

① 蒙艳华、吴媛姣：《全域旅游驱动乡村振兴：内在机理与实践路径》，《财务与金融》2018年第3期。

② 陆林、任以胜、朱道才等：《乡村旅游引导乡村振兴的研究框架与展望》，《地理研究》2019年第1期。

③ 李志龙：《乡村振兴—乡村旅游系统耦合机制与协调发展研究——以湖南凤凰县为例》，《地理研究》2019年第3期。

④ 项晓艳：《全域旅游驱动乡村振兴：内在机理与实践路径》，《江南论坛》2019年第11期。

⑤ 向延平：《乡村旅游驱动乡村振兴内在机理与动力机制研究》，《湖南社会科学》2021年第2期。

⑥ 邓小海：《从"脱贫"迈向"振兴"：乡村旅游发展的动力转换》，《贵州社会科学》2021年第2期。

⑦ 葛全胜：《旅游业在乡村振兴中有大作为》，《中国旅游报》2018年第3期。

共享互为策略下的东北红色文旅与乡村振兴研究

地参与乡村旅游建设，以旅强农、以旅富农，助力乡村人才振兴。①周波和叶顺基于知识转移的理论视角，探讨了旅游业推动乡村产业、人才振兴对策，让社区居民实现"口袋富"和"脑袋富"的全面富裕。②徐宏等人从加强思想认识、发挥主体作用、丰富驱动路径、提升驱动效果等方面分析了民族地区全域旅游促进乡村振兴的具体策略。③也有部分学者反思了乡村旅游产业过密化和不合理布局对乡村振兴发展带来的乡村经济空间受损、公共资源损耗、公共服务压缩及乡村社会风险增大等多重负面影响，④旅游发展可能加速乡村物质文化变迁、行为文化变异和精神文化同质化。⑤陈碧玉通过分析在乡村振兴战略对乡村旅游的积极作用基础上，通过着重分析影响其发展的制约性因素，最后提出了适合其的发展路径。⑥陆林等人构建了一个多学科融合的研究框架，用于指导乡村旅游对乡村振兴的影响，并总结了五大主要研究内容；⑦银元等人指出，乡村振兴战略在制度、人才、资金等方面为乡村旅游发展提供了关键的政策支持；⑧李志龙通过构建乡村振兴与乡村旅游的指标体系，研究了二者的相互关系和作用机制；⑨蔡克信等人认为，乡村旅游是实现乡村振兴战略的重要路径，能够有效契合其基本要求。他的研究方法包

---

① 宋瑞：《旅游助力乡村振兴需要关注五个问题》，《中国旅游报》2018年第3期。
② 周波、叶顺：《以知识转移促进后脱贫时代乡村旅游产业与人才双振兴》，《旅游学刊》2021年第4期。
③ 徐宏、李军：《民族地区全域旅游开发驱动乡村振兴机理与发展策略》，《商业经济研究》2021年第11期。
④ 仇叶：《乡村旅游产业的过密化及其对乡村振兴的影响——对乡村产业振兴路径的反思》，《贵州社会科学》2020年第12期。
⑤ 徐冬：《旅游开发对乡村文化的胁迫效应与机理研究》，南京师范大学博士学位论文，2020年。
⑥ 陈碧玉：《乡村振兴战略下的乡村旅游发展路径研究》，《科技资讯》2022年第8期。
⑦ 陆林、任以胜、朱道才等：《乡村旅游引导乡村振兴的研究框架与展望》，《地理研究》2019年第1期。
⑧ 银元、李晓琴：《乡村振兴战略背景下乡村旅游的发展逻辑与路径选择》，《国家行政学院学报》2018年第5期。
⑨ 李志龙：《乡村振兴—乡村旅游系统耦合机制与协调发展研究——以湖南凤凰县为例》，《地理研究》2019年第3期。

括定性和定量研究，其中定性研究从多个视角分析乡村旅游与乡村振兴的关系，而定量研究则广泛采用耦合协调模型。①

二、红色文旅融合相关研究

红色文化在近代革命时期形成，是以马克思列宁主义为指导，由中国共产党人在伟大奋斗中创造和孕育的革命文化。同时，红色文化也是在毛泽东思想的指导下，融合中外优秀文化元素而创造的先进文化。乡村红色文化，作为一种先进的文化基因，是人类文明重要的实践形态。这种文化不仅凝聚了中国共产党人在革命实践中形成的理想、信念和信仰的精神力量，还展现了中国特色社会主义探索与发展的趋势。习近平总书记曾经指出："我们党之所以能够经受一次次挫折而又一次次奋起，归根到底是因为我们党有远大理想和崇高追求。"②

红色文化因其独特的价值内涵，近年来受到学术界的广泛关注。早期的研究主要聚焦于红色文化的概念界定和价值分析，随后逐渐转向对红色文化资源开发的探讨。据了解，红色文化这一概念最早见于刘寿礼的《苏区"红色文化"对中华民族精神的丰富和发展研究》③，而后大量学者对此进行了更为详细的研究。

1. 关于红色文化的相关研究

杨晓苏从文化构成的角度出发，认为红色文化是物质文化、精神文化和

---

① 蔡克信、杨红、马作珍莫：《乡村旅游：实现乡村振兴战略的一种路径选择》，《农村经济》2018年第9期。
② 习近平：《习近平谈治国理政》（第二卷），外文出版社2018年版。
③ 刘寿礼：《苏区"红色文化"对中华民族精神的丰富和发展研究》，《求实》2004年第7期。

制度文化的综合体。① 汤夺先和王雯雯也提出红色文化主要可以分为物质文化、精神文化和制度文化这三种基本形态。② 同一角度下，王丽荣和杨党校则认为红色文化展现为两种存在形态：一是红色文化的精神性本质所呈现的红色精神，二是红色文化的物质性层面所表现的红色文化资源。③ 有的学者还从政治学的角度出发，认为红色文化为中国共产党在意识形态领域创造了执政合法性的基础，从而夯实了党的文化基础。④ 总体而言，学术界对红色文化的内涵界定主要从其产生的时空范围、形态构成和创造群体这三个主要方面进行了概括。

2. 关于红色文旅融合的相关研究

一般而言，文旅融合是指文化和旅游产业及其相关要素之间的相互渗透、交叉和重组，逐渐打破原有的产业边界或要素领域，从而实现相互融合并形成全新的共生体的现象和过程。近年来，文旅融合已逐渐成为中国旅游业创新发展的必由之路，"以旅彰文"和"以文塑旅"的理念也已经融入旅游业发展的基本共识和工作思路中。文旅融合作为现代产业融合发展的重要实践形式，具备产业融合所需的条件和特征。其内涵涉及文化产业和旅游产业的相关要素，通过相互渗透、交叉会合或整合重组，逐步打破原有产业界限，使产业边界变得模糊或消失，经融合后形成新的共生体。文旅融合的形成过程也是一个通过文化与旅游优势互补、功能重组和价值创新，形成具有

---

① 杨晓苏:《红色文化价值生成的渊源及其核心价值观探究》,《学校党建与思想教育》2014年第17期。
② 汤夺先、王雯雯:《红色文化铸牢中华民族共同体意识：内容构成、价值阐释与实践路径——以渡江战役总前委旧址为叙事载体》,《民族学刊》2023年第1期。
③ 王丽荣、杨党校:《新时代红色文化的叙事创新》,《人民论坛》2021年第28期。
④ 钟秀利、杨艳春、罗春洪:《试析红色文化的政治价值——执政文化的视角》,《求实》2007年第11期；沈成飞、连文妹:《论红色文化的内涵、特征及其当代价值》,《教学与研究》2018年第1期；刘波亚:《红色文化认同的政治逻辑》,《甘肃社会科学》2016年第4期；李水弟、傅小清、杨艳春:《历史与现实：红色文化的传承价值探析》,《江西社会科学》2008年第6期。

"1+1>2"叠加效应的新产业链的过程。文化与旅游是密不可分、相辅相成的关系。文化是旅游发展的核心和灵魂，旅游则是文化传承和发展的重要载体。通过文旅融合这一形式，将"文化"与"旅游"这两个本质不同的概念进行整合，从而形成了"文化旅游"这一新的业态。这种融合不仅推动了产业创新，也为文化的传播和旅游的发展开辟了新路径。

2004年，中共中央办公厅和国务院办公厅联合印发了《2004—2010年全国红色旅游发展规划纲要》，对红色旅游的发展路径、政策战略和主要推进措施进行了深入和详细的规划。① 红色旅游是基于中国共产党领导人民进行民主革命和社会主义建设的遗迹、地标，以其承载的革命历史、革命事迹和革命精神为内涵，策划并实施的主题性旅游活动。这种旅游活动通过缅怀学习、参观游览的方式，引导旅游者深入了解中国共产党在革命和建设时期的卓越贡献。2009年，原文化部和原国家旅游局联合发布了《关于促进文化与旅游结合发展的指导意见》，明确提出了旅游产业与文化事业结合的思路，并指出"文化是旅游的灵魂，旅游是文化的重要载体"②。这一时期，文化与旅游产业尚未实现深度融合，"红色旅游"只是普遍使用的表述方式。直到2018年，国家将负责文化和旅游的主管部门合并为文化和旅游部，从国家行政机关层面上推动文化和旅游的融合发展。2021年，《"十四五"文化和旅游发展规划》发布，该规划指出："坚守融合发展的原则。通过完善文化和旅游融合发展的体制机制，推动文化和旅游更广泛、更深入、更高水平的融合发展，不断提升发展质量和综合效益。"③ 至此，文旅融合发展的概念在国家行政体制层面上得到了确认，并且与文旅融合相关的理论研究和实践探索也随之展开，红色文旅的概念逐步得到了明确。

---

① 中共中央办公厅、国务院办公厅：《2004—2010年全国红色旅游发展规划纲要》，2004年。
② 文化部、国家旅游局：《关于促进文化与旅游结合发展的指导意见》，2009年9月15日。
③ 文化和旅游部：《关于印发〈"十四五"文化和旅游发展规划〉的通知》，2021年6月3日。

红色旅游和红色文化之间的互补作用主要表现在两个方面：一是红色文化为红色旅游的兴起提供了支撑；二是红色旅游不仅是文化传播的有效载体，也是新时代传承和弘扬红色文化的重要途径。传统上，红色文旅被视为将红色革命遗迹整合入文旅产业，使之成为众多旅游目的地之一。然而，近年来，如何挖掘和弘扬红色精神，以及如何利用红色文旅推动所在地区的经济社会发展，已成为红色文旅发展的关键课题。程圩和张澄认为，发展红色文旅需要牢牢把握"举旗帜、聚民心、兴文化、展形象"的核心使命，融合红色基因，传承红色文化，确保每一次红色旅游都是一次精神上的洗礼。[①]这意味着发展红色文旅不仅需要将红色遗址、文物及革命故事进行创造性的再现，还要深刻展现那些创造这些物象的革命历史人物以及物象所承载的红色精神，从而使红色文旅成为集人、物、精神体验于一体的综合体。

三、乡村振兴战略与红色文旅的关系研究

文化振兴是乡村振兴的核心，而红色文化，因其深植于中国大地，具有深厚的文化底蕴和丰富的革命精神，已成为推动乡村振兴战略的关键力量。通过深入挖掘本地红色文化的内涵，可以增进村民对家乡革命传统的了解，激发他们的认同感，从而更有效地推广红色文化，让更多人深刻理解这一文化。这样，我们能够打造出具有特色的文化品牌，推动本地乡村文化的振兴。[②]在乡村振兴战略与红色文旅关系的研究中，学界主要集中于红色文化产业化的探讨，将红色旅游视为乡村产业振兴的一个关键载体。陈永典和于

[①] 程圩、张澄：《见人、见物、见精神：发展红色旅游的根本遵循与重要路径》，《旅游学刊》2021年第6期。

[②] 肖钊富、彭贤伟、李瑞等：《乡村振兴与乡村旅游协调发展时空演变及驱动因子——以四川省为例》，《资源开发与市场》2022年第1期。

丽娜认为，红色资源可以为乡村振兴提供坚实的现实基础，充分利用这些资源可以有效带动乡村振兴。① 黄细嘉和惠荣提出，红色旅游的高质量发展与全面推进共同富裕在全面建设中国式现代化和实现中华民族伟大复兴的历史进程中是统一的。红色旅游与共同富裕之间存在紧密的联系，相辅相成的关系，互相促进，形成耦合关系。② 刘梦瑶等人以北京市门头沟区马栏村为例，指出红色旅游已成为推动乡村振兴的重要方式，有助于推动中国乡村振兴和可持续发展。③ 余永华和李国镇提到，红色旅游成为区域经济高质量发展的重要动力。从马克思主义政治经济学角度来看，红色资源可以视为一种商品，探索红色资源的使用价值和价值实现，构成了中国红色旅游高质量发展的逻辑主线。基于马克思的经济系统论思想，红色旅游与乡村振兴在总体目标、经济特征及发展理念上有共性，二者旨在实现共同富裕、促进产业发展并保护生态环境，应通过系统思维推动两者的协同发展。④

四、文献评述

近年来，红色文化和红色文旅的融合已成为学术界关注的焦点。红色文化的研究最初聚焦于基本概念和价值分析，后逐渐转向其资源开发。红色文化的广泛定义涉及物质、精神和制度层面，从已有研究来看，关于红色文旅的开发主要集中在如何挖掘红色文化的教育价值和旅游潜力，以及如何通过

---

① 陈永典、于丽娜：《红色文化资源赋能乡村振兴的路径——以大别山地区为例》，《中南民族大学学报（人文社会科学版）》2023年第12期。
② 黄细嘉、惠荣：《红色旅游与共同富裕：耦合关系、价值共创与实现路径》，《社会科学家》2023年第10期。
③ 刘梦瑶、王鹏飞、贺星等：《红色旅游驱动下传统村落的重构与空间生产研究——以北京市门头沟区马栏村为例》，《地理研究》2023年第6期。
④ 余永华、李国镇：《政治经济学视域下红色旅游高质量发展的若干思考》，《江西社会科学》2023年第3期。

红色旅游促进地方经济发展。然而，关于红色文旅如何更全面地促进乡村社会经济发展的研究则相对较少。这主要表现在对于红色文旅资源系统性整合和创新性利用的缺乏，以及如何将红色文旅与乡村振兴的具体目标相结合的实际操作策略不足。

本书则从乡村振兴与红色文旅发展的相关关系角度建构了两者的关系，并以具体的四平市红色文旅发展的分析入手，意在探索共享互为策略下的红色文旅与乡村振兴的有效结合，以期能够为东北乡村振兴与红色文旅发展提供策略参考，为拓展该领域的理论研究提供一定的借鉴。

第三节 相关概念界定与理论基础

一、红色文化相关概念

（一）红色文化的内涵

目前，学界对红色文化的内涵尚未完全达成共识。学者们从不同角度界定红色文化的内涵，这不仅丰富了红色文化的理论基础，也夯实了其学理基础。我们较为赞同从宏观和微观两个角度来界定红色文化的内涵。从微观角度看，红色文化是中国共产党在革命战争年代领导中国人民创造的，能体现中国共产党人和先进分子的精神品格的文化。这一定义从文化本体论的角度出发，强调了红色文化是精神和文化的体现。这种文化通过革命历程中的实际行动和生活实践，展示了中国共产党人和先进分子的价值追求、精神风貌和道德品质。在微观层面，红色文化紧密关联于个体的思想感情和行为表现，体现为对理想的忠诚、对使命的坚守，以及在艰苦环境中展现出的无畏和牺牲精神。从宏观角度看，红色文化的视野应更广阔，内容也应更丰富。红色文化不仅包括纯文化层面的表现，如文学作品、艺术品、歌曲、影视作品等，还应涵盖制度、革命事迹，乃至体现红色文化的物质载体，例如历史遗址、文物、纪念馆等。这一视角强调了红色文化是一个包含思想、行为、制度和物质文明等多个层面的综合体，它跨越了传统的文化定义，成为一个更广义、更宏观的概念。在这个宽广的视野中，红色文化也包括了革命时期的组织形态、生活方式，以及与之相连的各种社会实践，如土地改革、合作化运动，以及通过各种方式进行的社会教育和国际交流。这种从宏观和微观双重视角出发的理解，为红色文化提供了一个全面、多维的理论框架，有助于更深入地探索和理解红色文化的多层次内涵和广泛影响。

（二）红色文化的起源与发展

红色文化的起源与发展是一个与其内涵密切相关的问题，准确界定红色文化的起源需要结合其内涵进行分析。我们遵循学界的主流观点，将红色文化的起源界定为中国共产党成立之后。一般来说，当"红色"被赋予政治内涵时，我们自然会联想到红色与中国共产党的关联，如"红军""红旗""红色政权"等，这些都是红色的具象化政治概念。

从历史和现实的角度看，红色在中国有着深厚的象征意义，它不仅代表着正统，也象征着广大人民对美好生活的追求。目前，中国共产党正引领中国人民在中华民族伟大复兴的征程中奋斗，强化红色与中国共产党的联系，这符合广大人民群众的期望，同时顺应了时代潮流和国家发展的趋势。因此，我们认为红色文化是在中国共产党成立之后，由党领导中国人民在革命征途中逐步创造和发展的。

对于红色文化的发展，应从发展的角度进行界定，而非施加严格的定义框架。红色文化应随着我国社会主义现代化建设的不断推进而逐渐丰富。从文化传承的角度来看，中国共产党在领导中国人民进行革命、建设和改革的过程中，创造了红色文化、革命文化、社会主义文化和中国特色社会主义文化。红色文化作为一个较宽泛的概念，与革命文化、社会主义文化和中国特色社会主义文化在内容和时间上都存在交叉。因此，不对红色文化的发展进行明确的界定有助于我们传承和弘扬这些文化，并将其有机地整合起来。从我国文化宣传和教育的传统与现状来看，在党的相关宣传与教育中，既将党在领导中国革命建设中形成和积淀的文化统称为"红色文化""红色基因"，也将改革开放新时期形成的、体现中国人民进行社会主义现代化建设的文化称为"红色文化"。从人民群众的情感接受来看，群众倾向于将我们党在革命、建设、改革各个历史时期形成的优秀文化统称为"红色文化"。从意识形态建设的角度考量，"红色"一词具有鲜明的阶级特色，在不同历史时期将相应的文化统称为"红色文化"，有利于凸显社会主义社会的意识形态，彰显国家特色，传承历史传统。

此外，红色文化与中华优秀传统文化、革命文化、社会主义文化和中国特色社会主义文化之间既有紧密的联系，也存在显著的差异。从共同点来看，红色文化、革命文化、社会主义文化和中国特色社会主义文化均在中国共产党的领导下由中国人民在革命、建设和改革的各个时期所创造，这些文化反映了中国人民的先进精神品格和集体追求。而中华优秀传统文化是我们党在不同历史时期吸收中华传统文化的精华部分，形成了支撑我们文化自信的重要基础。从差异来看，红色文化的内涵和定义应涵盖革命文化。革命文化特指在革命战争年代，由中国共产党领导的中国人民在革命根据地创造的文化，这些文化主要由中国共产党和根据地的广大人民共同创造。随着新中国的成立，革命文化逐步融入其他文化之中。党的十五大明确提出："建设有中国特色社会主义的文化，就是以马克思主义为指导，以培育有理想、有道德、有文化、有纪律的公民为目标，发展面向现代化、面向世界、面向未来的，民族的、科学的、大众的社会主义文化。"系统地阐释了社会主义文化与中国特色社会主义文化的内在逻辑。

随着中国特色社会主义实践的不断推进，我们对文化建设规律的认识已更加深入。胡锦涛在党的十八大上提出了"建设社会主义文化强国，必须走中国特色社会主义文化发展道路"的论断，进一步明确了二者之间的密切关联。社会主义文化的主题相对固定，主要反映在全面建设社会主义时期，体现了人民群众建设国家、实现民族富强的热情。红色文化的精神在社会主义建设时期已充分融入社会主义文化中，共同推动了中国社会的进步和发展。中华优秀传统文化侧重于对传统文化的继承与发展，根植于源远流长的中华文化。中华优秀传统文化中的部分精神要义激励了中国共产党和中国人民，这些精神在红色文化中也有所体现，如家国情怀和坚忍不拔的精神品质。中国特色社会主义文化诞生于改革开放之后，源自中国特色社会主义的伟大实践。习近平总书记指出："中国特色社会主义文化，源自于中华民族5000多年文明历史所孕育的中华优秀传统文化，熔铸于党领导人民在革命、建设、改革中创造的革命文化和社会主义先进文化，植根于中国特色社会主义伟大实践。"中国特色社会主义文化整合了革命文化、中华优秀传统文化和社会主义文化，在继承这些文化的基础上，进行了新时期的弘扬和发展。面向新时代，发展中国特色社会主义文化，必须立足中华优秀传统文化、红色文化、革命文化和社会主义文化，以这些文化为根基，夯实文化建设的基础，增强人民的文化自信。

二、红色文化的基本特征

对于红色文化的特征，学界已经进行了深入分析并达成了一定共识。我们遵循主流观点，可以从以下几个角度来解释红色文化的特征：革命性、科学性、民族性、人民性和时代性。

（一）红色文化的革命性

红色文化的革命性是其核心特征，同时也是它与其他文化区别开来的关键标志。这一特性主要源于其在革命战争年代的形成，反映了中国共产党和中国人民在那一时期的精神风貌。在国家存亡的紧要关头，中国共产党展示了无畏的抗争精神和不惧牺牲的勇气，尽管许多英勇的仁人志士倒在了敌人的屠刀下，但是，中国共产党和中国人民并未被压倒，他们内心深处的家国情怀始终是他们奋勇前行的动力。在中国共产党的领导下，中国人民经过28年的艰苦奋斗，最终取得了新民主主义革命的胜利，迎来了长期盼望的胜利曙光。这不仅挽救了国家的危亡，也振奋了民族的精神，开启了中国历史的新篇章。红色文化的革命性同样体现在党的自我革命之中。作为一个拥有百年历史的大党，中国共产党能够始终走在时代的前列，成为中华民族和中国人民的核心支柱，这正是因为党始终坚持自我革命，勇于自我刷新。这深刻体现了红色文化革命性的根源。

（二）红色文化的科学性

红色文化的科学性根源于其在马克思主义的理论指导下形成，特别是通过推进马克思主义的中国化过程，赋予了该文化独特的科学属性。这种科学性主要表现在坚持马克思主义的世界观和方法论，以辩证唯物主义和历史唯物主义为其理论基础，同时借鉴和吸纳各种有益的文化要素，摒弃非科学的糟粕，保留并强化文化的精华，以此不断地丰富和深化红色文化的内涵。此外，红色文化的科学性也来源于其创造者们的一贯坚持，即始终遵循科学理论的指导原则。红色文化是中国共产党在领导中国人民进行革命、建设和改革的各个历史阶段中创造出来的文化成果，其中广大人民群众是这一文化发展的主体。在党的坚定领导下，人民群众遵循马克思列宁主义的指导，历经逾百年的努力和奋斗，中国共产党已经形成了包括毛泽东思想和中国特色社会主义理论体系在内的两大科学理论基石。这些理论基石构成了红色文化科学性的核心，持续引导红色文化沿着科学的道路前进。

（三）红色文化的民族性

不少学者强调红色文化的民族性，深入挖掘其蕴含的民族特色。红色文化的民族性集中体现了中华民族寻求民族独立和国家富强的壮丽篇章，深度展示了中华民族精神。这种文化不仅凝聚了抗日战争和解放战争期间的民族解放意志，还反映了新中国成立后对社会主义建设的深刻追求，展现了不同历史时期中华民族对美好生活的共同向往和努力。红色文化的创造主体是伟大的中华民族，其反映的实践是发生在中华大地上的真实历史事件。从抗日战争的烽火连天，到解放战争的艰苦卓绝，再到新中国的建设和改革开放，每一步都铭刻着中华民族的奋斗和牺牲。红色文化来源于中华民族，是中华民族整体与每一个个体的集合，展现了从革命英雄到普通人民的共同奋斗和牺牲精神。

红色文化的民族性是红色文化广度的重要体现，它不是少部分人的文化，而是代表了绝大多数中国人民的文化。这一文化体现了那个时代绝大多数中国人的精神文化状态，是中国共产党和中华民族集体智慧的结晶。红色文化的民族性不仅仅在于展示历史，更重要的是它激发了一代又一代中国人的爱国情怀和奋斗意志，成为激励现代中国人追求进步、坚守和平、促进发展的重要精神资源。红色文化的民族性还体现在其对中华传统文化的继承与发展上。红色文化吸纳了中华民族的语言、符号、习俗和哲学思想，将这些传统文化元素与革命理念结合，创造出具有鲜明时代特色和民族特色的文化表现形式。通过红色教育、红色旅游、红色影视作品等方式，红色文化不断地被新的社会实践所丰富，它在推动国家现代化进程中扮演了无可替代的角色，增强了民族团结，提升了全民族的文化自信和道德力量。

(四)红色文化的人民性

红色文化的人民性与其革命性、科学性和民族性密切相关。在某种程度上,革命性、科学性和民族性共同决定了人民性。红色文化不同于代表地主阶级的封建文化和代表少数资产阶级精英的资产阶级文化,它真正代表了广大人民群众,反映了人民群众的文化需求。红色文化体现了马克思主义的文化观和唯物史观,强调人民群众是历史的主人,是决定历史发展方向的力量。

在红色文化中,普通人民群众的生活和奋斗事迹被广泛反映,这些"小人物"的事迹成为红色文化的重要组成部分,展示了他们在抗争和建设中的英勇行为和无私贡献。例如,许多红色歌曲和电影中的人物原型都是来自真实的人民群众,他们的故事传递了坚持和奋斗的精神。这种从群众中来,到群众中去的原则,使红色文化深入人心,与人民群众的生活紧密相连。此外,红色文化的人民性也体现在其通俗易懂的特点上,它多以人民群众喜闻乐见的形式呈现,如民歌、戏剧、故事会等形式,这些形式贴近人民生活,符合广大人民群众的审美习惯和文化需求。红色文化的这一特性,不仅使其成为广泛传播的文化形式,也让其能够在不同的社会层面和地域间传播开来,增强了文化的包容性和广泛性。

红色文化的人民性不仅是一种文化表达,更是一种强大的社会力量,它推动了中国社会的进步和发展,激发了人民群众的积极性、主动性和创造性。通过红色文化的教育和传播,人民群众的思想觉悟和文化素养得到提高,社会主义核心价值观得到广泛传播,有助于构建和谐社会,推动文化和社会的全面发展。

(五)红色文化的时代性

红色文化的时代性是其最显著的特征之一,显示出红色文化与时代发展紧密相连，能够不断适应和回应不同历史时期的需求和挑战。发展是文化保持活力的必要因素，也是红色文化始终保持旺盛生命力的重要原因。这种发展使红色文化能够回应时代课题，聚焦时代问题，不断满足人民群众日益增长的文化需求，确保文化的领导权始终掌握在党的手中，同时让马克思主义牢牢占据意识形态的主导地位。观察红色文化的百年发展史，我们可以清晰地看到其时代性的表现。在革命战争年代，红色文化坚持以革命与战争为主题，通过发扬爱国主义精神，激励所有爱国主义者在党的领导下投身新民主主义革命。这一时期的红色文化通过歌曲、戏剧、文学作品等形式，鼓舞了广大人民群众的斗志，提高了民众的革命意识。

进入社会主义建设时期，红色文化以建设社会主义为主题，激发人民群众火热的建设社会主义热情。这一时期，红色文化作品多聚焦于展示社会主义建设的伟大成就和人民群众的奋斗历程，如通过电影、歌曲和文学作品反映工业建设、农业发展和科技进步等，团结一切可以团结的力量，积极投身于全面建设社会主义事业中。改革开放新时期，红色文化以改革开放为主题，积极引导和号召广大人民投入到社会主义现代化建设事业中。这一时期的红色文化更加注重展示改革开放带来的深刻变革和人民生活的巨大提升，如通过电视剧、电影和各种公共艺术形式，展现了中国的快速发展和国际地位的提升。新时代以来，结合中国社会主要矛盾转变的时代特征，红色文化积极吸纳各种时代精神，教育人民，成为增强文化自信、全面建成小康社会进而开启全面建设社会主义现代化国家新征程的重要精神动力。这一时期，红色文化在弘扬中华优秀传统文化的基础上，融入习近平新时代中国特色社会主义思想，通过网络媒体、纪录片、主题教育等多种方式，推动了社会主义核心价值观的深入人心。

总体来看，红色文化的时代性使其成为连接不同历史时期的桥梁，它不断地适应和引领时代发展，影响和激励了一代又一代中国人。这种文化的力量不仅在于其丰富的表现形式和深远的社会影响，更在于其能够持续地更新和发展，与时俱进地服务于人民和国家。

三、文旅融合发展相关概念

在学术定义上，文化旅游产业并不单纯概括为文化或旅游产业，而是表现为两者的相互融合与有机结合。具体来说，旅游业扮演着文化产业内容传递的承载体，而文化产业则为旅游提供深层次的目的和体验。这一融合模式涵盖了文化艺术传媒、休闲娱乐、演艺影视等多个领域，实现了产业内容和形式的综合交融。文旅融合过程中，旅游群体深入体验文旅产业，目的在于实现文化产业与旅游产业融合所带来的经济、社会及其他多维度的效益。文旅融合的核心在于，以富有文化内涵的旅游景点为主要载体，使游客在旅行过程中深刻感受文化的精髓。通过这种身临其境的体验，游客能够全面了解和感受文化，满足公众对文化消费的广泛需求。文旅融合的实施促进了文旅产业高质量的融合发展，进而推动了经济社会的整体高质量进步。在保留传统文化和旅游产业的基础上，文旅融合还创造了公园游览、实景演出、文旅小镇等新型业态。从这个角度看，文化旅游产业是在文化产业和旅游产业打破各自壁垒的基础上，通过内涵要素的相互耦合形成的综合创新体。对于文旅融合，大家的观点不尽相同，一些学者认为两大产业存在明显差异，应采用包容的方式进行融合；而另一些学者则认为文旅本质上属于一个广义的产业，考虑到历史文化景点的固有存在，不应过度细分。

文旅融合的发展历经了三个主要阶段。第一阶段是萌芽阶段，在20世纪80年代至90年代末，此时学者们初步认识到文化在旅游发展中的重要性，主要研究文化对旅游资源的补充和增值作用。第二阶段是发展阶段，从21世纪初至2018年，这一时期标志着中国旅游业的快速扩展。在此阶段，研究者开始深入探讨文化资源在旅游业中的核心地位，分析景区文化和区域文化如何增强游客吸引力。第三阶段是爆发阶段，始于 2018 年，随着中国文化和旅游部的成立，文旅融合迅速成为业界关注的焦点，学者们广泛探讨了文旅融合的理念，以及相关产业、市场、资源的融合形式、发展路径和策略。此外，学者们还研究了文旅融合在红色旅游、乡村旅游、民族风情特色旅游、文化场馆旅游等多个领域的实际应用和影响。

四、乡村振兴相关概念

党的十九大作出了一项重大决策部署，即实施乡村振兴战略。决胜全面建成小康社会、全面建设社会主义现代化国家，是党在新时代面临新环境和挑战下的"三农"工作总抓手，是一项重大历史任务。

乡村振兴战略实施的具体原则包括：坚持党对乡村工作的全面领导，确保农业农村优先发展，认识到农民在农村的主体地位，从各个领域全面引领乡村振兴，实现城乡要素融合和持续发展，贯彻人与自然和谐共生的理念，因地制宜、一地一策，循序渐进推动乡村全面振兴。巩固和完善乡村管理制度，确保土地承包关系长期稳定。守住国家粮食安全红线，确保粮食安全。加强乡村基层工作，培养一批懂农业、爱乡村、爱农民的新时代农业人才。2018 年中央农村工作会议明确了乡村振兴战略的总体要求，遵循产业兴旺、生态宜居、乡风文明、治理有效、生活富裕的方针。实施乡村振兴战略要让农业成为有前途的产业，使农民成为有吸引力的职业，并让乡村成为既能安居乐业又不必背井离乡的美丽家园。

乡村振兴战略总要求分为五个方面：第一是产业兴旺，这是实现乡村振兴的关键。产业兴旺的核心是农业现代化，通过创新产品形式、技术、制度、组织和管理，大幅提升农业机械化、标准化和现代化水平，推动农林牧副渔业及相关加工业的转型升级。一方面，培养新型专业农民，推广适度规模化经营，以外包服务为主，发展绿色现代农业，提升农业价值；另一方面，促进农村一二三产业高质量融合，扩展农业产业链，创造更多就业和增收机会。

第二是生态宜居，这是提升农村发展质量的保障。具体内容包括保持村落干净整洁，完善水、电、路等基础设施。生态文明要求保护自然，遵循自然规律，保存乡村独特气息和景观，守护生态系统，严格管理和防治环境污染，实现人与自然共存共生，确保乡村生活绿色健康，全面建设美丽乡村。

第三是乡风文明，这是建设美丽乡村的核心。乡风文明建设既包括提升文化教育、医疗卫生等相关事业的发展，提供基本公共服务，也包括宣传和弘扬社会主义核心价值观，传承和推广乡村良好风俗，找到乡村传统文化与现代文明的融合点并推动其发展，同时，还应极大程度地借鉴国内外乡村文明建设的优秀成果，实现乡风文明的与时俱进。

第四是治理有效，这是乡村善治的核心。治理越有效，乡村振兴战略的实施效果就越显著。因此，我们应健全现代化乡村社会治理体系，实现党委领导、政府负责、社会协同、公众参与、法治保障的全方位治理，完善自治、法治、德治相结合的乡村治理新体系。加强乡村基层党组织建设，深化村民自治实践，建设平安美丽乡村，进一步密切党群和干群关系，有效协调农民与集体利益之间的矛盾，确保乡村社会充满活力、和谐稳定。

第五是生活富裕，这是乡村振兴的最终目标。乡村振兴战略的成效应以农民的富裕程度来衡量。为此，我们必须确保农民收入持续增长，努力降低乡村居民的恩格尔系数，不断缩小城乡居民收入差距，让广大农民全面进入小康社会，并稳步迈向共同富裕的目标。

五、理论基础

（一）新发展理念

发展是解决一切问题的基础，而发展理念是发展实践的先导。自建党以来，特别是党的十八大以来，中国共产党围绕"实现什么样的发展、怎样实现发展"这一重大问题，不断寻求制度变革、理论创新和实践突破。以习近平同志为核心的党中央，立足中国经济社会发展的新阶段，顺应经济增长约束条件的新变化，着力解决不平衡不充分发展的新矛盾。在十八届五中全会上提出了"创新、协调、绿色、开放、共享"的五大发展理念，实现了发展动力、发展结构、发展方式、发展路径和发展价值等方面的深刻变革。新发展理念是一个系统的理论体系，其基本内涵由五个维度构成：创新是发展的第一动力，协调是发展的内在要求，绿色是发展的普遍形态，开放是发展的必由之路，共享是发展的最终归宿。这五个维度相互联系，形成一个有机整体，具有系统性、实践性、时代性和人民性等鲜明特征。新发展理念集中反映了党对新发展阶段基本特征的科学把握，体现了对中国经济社会发展规律认识的不断深化，是对马克思主义发展观、系统观的又一次理论创新，也是习近平新时代中国特色社会主义思想的重要组成部分。新发展理念将是未来中国经济社会各领域高质量发展的根本遵循，同时也是红色文旅发展的重要指导思想和理念。

（二）可持续发展理论

可持续发展是 1987 年世界环境与发展委员会提出的概念，它认为可持续发展既要满足当代人的需求，又不损害后代人满足自己需求的能力。这一概念涵盖了经济、生态和社会三个维度，强调在推动经济增长的同时，必须注重生态环境保护,以实现整个社会的可持续发展。随着旅游业的快速扩展,其对资源和环境的过度开发已经开始限制该行业的进一步发展,因此,学者们提出了旅游可持续发展理论。这一理论主要从公平性、持续性和共同性三个方面进行阐述:公平性指的是满足人们的旅游需求并实现旅游资源的公平共享;持续性要求旅游资源开发应在不超过生态系统承载能力的前提下进行,以保持资源的持续利用;共同性则指全球行动的协同性,以实现可持续发展的目标,强调旅游的公平性与持续性。在乡村旅游中,这一理论表现为合理开发乡村旅游资源、避免破坏乡村地区生态环境;与当地居民的文化和价值观相协调,突出旅游自身特色;经济效益作为维护乡村旅游持续发展的关键因素,长期发展并获得经济效益是核心问题。大多数乡村旅游点是农民自发形成的,可能因市场冲击或经营不善而消失。因此,在乡村旅游的发展中,实现生态、社会文化和经济的可持续性,才能最终达到区域协调发展与可持续发展的目标。

(三)城乡统筹发展理论

城市和乡村是矛盾统一的体现,它们的和谐发展是社会和谐的重要表现。城乡之间的空间存在是动态的,尤其是城市的迅速扩张,导致城乡之间的界限逐渐模糊,缺乏严格的地理分界。因此,城乡统筹发展要求将城市与农村的发展有机结合,树立工农一体化的发展理念,有效解决城乡发展不均衡的问题,减弱城乡矛盾。这一发展策略包括整合城乡规划建设、促进城乡产业互动发展、改革城乡管理制度、调整城乡收入分配等多个方面。通过调整城乡产业结构、促进农村剩余劳动力向城市转移、推进城镇化等措施,可以促进城乡协调发展,推动农村居民和城市居民共同进入小康生活。

城乡统筹发展为乡村旅游振兴乡村提供了新的发展思路。首先,在政策上进行指导和支持,加强城乡一体的规划,指导乡村旅游的规划与建设。乡村旅游，作为一种在乡村进行的旅游活动，与乡村密切相关，能促进城乡间资本、人才、技术、信息、管理等要素的流动，主要是从城市到乡村，有效缩小城乡差距。作为服务业，乡村旅游为当地居民提供了就业机会，增加了乡村居民收入；这不仅能带来经济效益，还能促进乡村基础设施的完善、美化乡村环境以及推动新农村建设。乡村旅游的产业化发展有助于优化农村产业结构，促进一二三产业融合发展。乡村旅游对解决"三农"问题、优化城乡体系和空间布局、消除城乡分割的二元体制障碍以及推动乡村振兴都具有积极作用，因此，能有效推动城乡统筹发展和乡村振兴。

第四节 研究思路

基于乡村红色文化的相关政策和乡村振兴的实践背景，本书以东北红色文旅之代表——四平市红色文旅推进乡村振兴案例为蓝本进行研究。

首先，通过对当前乡村红色文化的相关政策和乡村振兴的实践背景分析，介绍了本书研究的重要意义，同时结合当前学界的相关研究综述，指出从乡村振兴背景下研究乡村红色文化具有一定的创新价值。

其次，通过全面系统调研四平市文化资源、乡村地理景观、生态人居环境、乡土文化风情资源等，依次分析了四平市"文旅融合"推进乡村振兴的条件，探讨了景观资源、文化传承，以及乡村文旅创新产业之间的联动影响与融合模式，建构出四平市文旅融合促进乡村振兴的创新模式及目标路径。

再次，笔者将视角扩展到辽宁省，特别分析了"六地"红色文旅的成功实践经验，揭示了辽宁省如何通过红色文旅资源的有效开发和利用，推动地区经济和文化的复兴。

最后，笔者提出了共享互为策略下的东北红色文旅与乡村振兴具体的整合思路和路径，展望了东北红色文旅与乡村振兴的未来发展方向，旨在为东北地区的红色文旅发展与乡村振兴提供新的策略参考，为丰富该领域的理论研究供献一定的价值。

第二章

四平市红色文旅资源与乡村振兴实践

第一节　四平市红色资源概况

四平市及其周边地区有着深厚的近现代红色文化底蕴，作为东北的军事重地，四平被誉为吉林省的"南大门"，四平是一座名副其实的"英雄城"，在解放战争中就有名扬中外的"四战四平"战役。同时，四平也是我国规划"红色文旅"第26条线路的第1站，有包括辽北省政府旧址、塔子山战斗遗址、三道林子战斗遗址、问耻钟、马仁兴铜像广场、一战四平纪念馆、四平战役纪念馆、陈明仁指挥所、四平烈士陵园、东北民主联军四平保卫战指挥部旧址、中山堂、烈士塔等在内的诸多红色文化景点与历史革命根据地。作为中华民族红色文化的重要组成部分，四平红色文化中的"四战四平"精神蕴含着独具特色的革命精神和厚重的历史文化内涵，具有深刻的教育意义和全国影响力。

一、资源概况

（一）四平战役纪念馆

四平战役纪念馆是为了纪念1946年发生的历史性四平战役而建立的。

这场战役是中国解放战争期间的重要战斗之一，标志着中国共产党对国民党军队的决定性胜利，为后续的东北全境解放奠定了基础。纪念馆建成于1958年，位于四平市的核心区域，其位置原为战役期间的前线指挥部所在地，纪念馆不仅是一个展览历史的场所，也是进行爱国主义教育的重要基地。馆内展出了大量与四平战役相关的历史文献、战斗用品、英雄人物的个人物品以及大量珍贵的黑白照片，这些都生动地再现了战役的激烈场面和当时的历史背景。近年来，四平战役纪念馆围绕提升服务、宣传教育、展陈升级、文物征集、宣传推广等方面持续开展工作，充分发挥国家级爱国主义教育基地示范引领作用和公共文化服务功能，将殷殷嘱托转化为一个个生动实践。例如，成立四平战役纪念馆党史战史宣讲团、巾帼宣讲团和红色文化传播志愿者服务队，不断提升讲解队伍素质；常态化开展党史战史进机关、进企业、进学校、进社区、进军营系列主题活动，将红色党史、革命英烈故事送进基层；延展革命文物征集、保护力度。3年来四平战役纪念馆共征集各类革命文物100余件，填补了馆内文物资料空白，补充和完善了文物体系。

四平战役的胜利，不仅是军事上的成功，它还深刻改变了东北乃至全国的政治格局，为新中国的成立提供了坚实的基础，纪念馆通过多媒体展示和实物陈列，向游客展示了战役中的关键决策、战术运用以及普通战士的英勇奋斗。此外，纪念馆每年都会接待数以万计的学生和游客，通过讲解员的生动叙述和各种教育活动，使参观者能够更加深刻地理解这段历史的重要性和中国人民为国家独立、民族解放和幸福生活所付出的巨大牺牲。

（二）四平烈士陵园

四平烈士陵园是一个为纪念在各种历史时期为中国革命牺牲的烈士们而建立的纪念场所。陵园建立的初衷是缅怀那些在抗日战争、解放战争以及四平战役中英勇牺牲的革命烈士，四平烈士陵园不仅是一个纪念空间，也是传承和弘扬中国革命精神的重要地点。陵园内分布有数千座烈士墓碑,每一座墓碑背后都承载着一个英雄的故事和无尽的家国情怀,烈士们的事迹和精神在这里被永久铭记。除了墓区,陵园内还设有纪念碑和纪念馆,纪念馆内展示了大量关于烈士生平以及四平战役的详细历史资料和珍贵图片,向公众传达了烈士们的英雄行为和崇高的牺牲精神。

四平烈士陵园的设计充满了象征意义,通过庄严肃穆的建筑风格和布局,表达了对烈士的崇高敬意。园区内绿树成荫,环境宁静,为来访者提供了一个适合缅怀与反思的空间,每年的清明节和其他纪念日,无数前来瞻仰的人通过参加烛光守夜、献花等活动,表达对烈士的深切怀念和敬意。

作为一个重要的历史和文化遗址,四平烈士陵园不仅是对过去的纪念,更是激励现代人民继承和发扬革命精神的象征,这些烈士的精神和牺牲为新一代的中国人提供了强大的精神动力,持续影响着中国的发展道路。

(三)东北抗日联军纪念馆

东北抗日联军纪念馆是为了纪念抗日战争时期在东北活动的抗联军而建立的,该纪念馆的建立旨在深入展示抗日联军在艰苦环境下进行的英勇斗争,以及他们在中国人民抗日战争中所作出的贡献。纪念馆内部收集和展示了大量珍贵的历史文献、战争遗物、历史照片、武器装备和个人物品,这些展品生动地再现了抗日联军如何在东北林区与日本侵略者进行殊死搏斗,展示了他们的战斗策略、日常生活和战斗中的英雄事迹。

东北抗日联军纪念馆不仅是一个历史的展示窗口,也是进行爱国主义教育的重要场所,通过详细的历史陈列和各种互动展览,纪念馆向参观者传达了东北抗日联军在抗战历史中不可磨灭的贡献和牺牲精神。作为东北抗日战争重要的历史见证,东北抗日联军纪念馆承担着向未来传递历史真相和精神价值的重要责任,持续激励着人们珍视和平与自由的重要性。

(四)塔子山战斗遗址

塔子山战斗是抗日战争时期发生的一系列关键性战斗之一,这些关键性战斗是在日本侵华战争期间,中国军队和地方抗日武装为保卫家乡、抵抗日本侵略者进行的英勇斗争的重要组成部分。塔子山战斗遗址位于四平城区东侧,距市区约7公里,占地约600000平方米。塔子山海拔399.5米,是四平东部的制高点,从山顶可以鸟瞰英雄城全景,山上林深草密、溪水潺潺,自然景观优美。据考证,山顶建有辽金古塔,清末倒塌,四平"塔子山"因此得名。

20世纪30年代末,随着日本侵略力度的加大,东北地区成为抗日战争的前沿阵地。塔子山地区由于其地理位置的战略重要性,成为东北抗日联军和日本关东军争夺的焦点。塔子山战斗是1946年四平保卫战的最后一战,守卫在这里的是被称为"红军之祖"的新四军3师7旅19团,其前身是北伐战争时期号称"铁军"的叶挺独立团,后来是红军时期的红2师4团,它是长征中的开路先锋,留下了巧渡金沙江、强渡大渡河、飞奔泸定桥、突破天险腊子口的英雄壮举。抗日战争时期,它是八路军115师685团,著名的平型关大捷也是这支部队创造的光荣战绩,在1946年四平保卫战的紧急关头,这支部队接防塔子山阵地,5月18日,通过一天的鏖战,这支传承着红军血脉的部队伤亡殆尽。这场战斗不仅为东北争取了宝贵的战略机动时间,也在后续的抗战中起到了积极的推动作用。塔子山战斗的成功,显示了在极端不利条件下,东北抗日联军如何依靠勇气和智慧与侵略者进行抗争。这一战役成为抗日战争中东北战场上的一个重要胜利案例,展示了中国人民在抗日战争中的坚持和牺牲,见证了具有红军光荣血脉的685团革命英雄主义的气概。

塔子山战斗遗址今天仍然保留着当年战斗的部分遗迹,如战壕、阵地等,为研究当时的军事战术和战斗历史提供了珍贵的实地资料。通过这些遗迹,后人能够更直观地感受到那段历史的艰难与悲壮,理解抗战胜利的来之不易。

(五)四平市烈士纪念塔

四平市烈士纪念塔位于吉林省四平市,是为了纪念在四平解放战斗中牺牲的烈士们而建立的纪念性建筑,这座纪念塔不仅是一个地标性建筑,也是对那些为四平解放而英勇牺牲的革命烈士的高度敬意和永久纪念。纪念塔设计为高耸的塔形结构,顶部设有象征胜利与和平的雕塑,底部则刻有烈士的名字及其英勇事迹,让来访者可以了解这些英雄的不朽功绩。此外,四平市烈士纪念塔周围常常布置有展览板和其他教育材料,详细介绍了四平解放战斗的历史背景、战斗过程以及取得的成就,使参观者能够更全面地理解这段历史的重要性及其对现代中国发展的影响。

四平市烈士纪念塔作为一个纪念地,不仅仅是对过去的回顾,更是激励现代人民珍惜来之不易的和平成果、继续前进的精神象征。它矗立在四平市的中心,提醒着每一个过往的人,永远不要忘记那些为了国家和人民的解放事业而英勇献身的先烈。

(六)三道林子战斗遗址

三道林子战斗遗址是中国抗日战争期间重要历史地点之一,这一地区不仅因其战略位置成为激烈战斗的舞台,也因此被当作东北抗日战争中的一个象征。三道林子战斗遗址位于四平市铁西区红嘴村,这座不过咫尺之地的小山头,却在四平保卫战、四平攻坚战、四平收复战中,承载了沉重的血火之痛、生命之殇。这与它的地理位置息息相关,四平的地势东南高、西北低,在平坦开阔的城区北侧,三道林子小高地便成了四平城区西北屏障,是四平侧后主阵地与制高点,三道林子的得失直接关系到市区安危。

20世纪30年代,随着日本侵略势力在东北的逐步扩张,三道林子地区由于其位于重要的交通要道和地理优势，成为东北抗日联军频繁活动的区域，1936年，东北抗日联军在此与日本关东军发生了一系列的军事对抗，其中三道林子的战斗是最为关键的几次战斗之一。这场战斗的背景是在日本关东军企图进一步渗透和控制东北地区的情况下，东北抗日联军为了切断日军的供给线和阻止其深入，策划了针对日军的伏击战。在茂密的森林和复杂的地形中，抗日联军利用地形优势，对日军进行了突然的攻击，使得日军陷入被动，成功阻挠了日军的进攻计划。

作为战略重地，三道林子见证了打光子弹而近战肉搏的勇气、身负重伤投出最后一颗手榴弹的决心、500多人的部队一夜间几乎全部牺牲的惨烈。就是这些有敌无我的英雄气概和为理想奋斗终身的信念换来了我们今天和平美好的时代。

如今的三道林子战斗遗址通过保留的战斗遗迹，如阵地掩体和周围保存的历史标记，成为了解当时战斗情况的重要途径，遗址不只是历史的见证，它也记录了东北抗日联军在艰苦条件下的坚持与牺牲，展示了在国家危难时刻，人们为了自由和正义所作出的抗争。

（七）东北民主联军四平保卫战指挥部旧址

东北民主联军四平保卫战指挥部旧址位于吉林省四平市，这是一个历史意义深远的地点，见证了中国共产党在东北解放战争期间的重要军事行动。东北民主联军四平保卫战指挥部旧址（梨树县博物馆）始建于清代道光年间，砖木结构，青砖青瓦，具有典型的清代四合院建筑风格。1946年4月至5月，东北民主联军总司令林彪曾以这里为指挥部，指挥了四平战役中举世瞩目的四平保卫战，四平保卫战是解放战争中的一场重要战役，也是东北战场上的一次大规模军事对抗，东北民主联军在此期间与国民党军队进行了激烈的斗争，最终成功保卫了四平，为东北地区的最终解放奠定了基础。

四平保卫战的成功不仅阻止了国民党军队的北进，还有效地保护了东北解放区的安全，加强了共产党在东北的政治和军事地位。该指挥部旧址作为决策和指挥中心，对战役的策划和执行起到了关键作用。如今，东北民主联军四平保卫战指挥部旧址已成为重要的红色教育基地和旅游景点，指挥部旧址保留了当时的建筑风格和布局，内部陈设复原了战时的指挥室、作战室、通讯室等重要功能区域，让参观者能够直观感受到当年紧张严峻的战时氛围。馆内现有藏品3000余件，其中有近现代革命文物、古代青铜器、铁器、瓷器、陶器、石器、钱币等。

（八）马仁兴铜像广场

马仁兴铜像广场是为了纪念中国抗日英雄马仁兴而建立的，他是一位在中国抗日战争中具有传奇色彩的英雄。马仁兴不仅是一位出色的军事指挥官，更是抗日民族统一战线中的杰出人物，他在四平及其周边地区的抗战活动中发挥了关键作用。

九一八事变后，民族民主运动席卷全国，对马仁兴震动很大。1938年10月，他参加了中国共产党，踏踏实实地为伟大的共产主义事业奋斗！从此，他骑上战马，挥动皮鞭，带领一支轻骑兵驰骋于冀中、晋绥等地，给日本侵略者以沉重的打击。当时，他是晋绥第一军区司令员，也是一名优秀的指挥员。1941年到1942年，他成功地粉碎了日寇"五一大扫荡"，创造了骑兵奔袭安平城的模范战例。1945年8月，日本帝国主义宣告无条件投降，深受十四年亡国奴之苦的东北人民，载歌载舞，欢庆胜利。但四平，地处战略要地，国民党反动派将四平视为"党国命运之所系"。从1946年1月到1948年3月的两年间，东北人民解放军同国民党反动派进行了四次激烈的战斗，为了建立新中国，马仁兴根据党的指示，肩负着人民的期望，徒步来到东北，参加并指挥了前三次战役。1946年10月，成立保安一旅，马仁兴任旅长，

1947年4月,保安一旅改为独立第一师,马仁兴任师长。他率领全师指战员,在辽吉各地围歼反动派,在四战四平战役中,他以坚强的战斗意志、卓越的指挥才能,在东北解放战争史上写下了光辉的篇章。

马仁兴铜像广场中心矗立的铜像是马仁兴的身影,其坚定的眼神和前行的步伐象征着他不屈不挠的抗战精神和对国家深沉的爱,这座铜像不只是对他个人的缅怀,更是对那个时代所有不畏艰难、为国抗战的英雄的集体致敬。在抗日战争全面爆发的艰苦年代,马仁兴展现了非凡的领导力和战术智慧,带领他的部队在多场关键战役中取得胜利,这些胜利不仅为抗日战争的最终胜利奠定了基础,也极大地提升了中国军队的士气和国民的团结。参观马仁兴的铜像和了解他的生平事迹,人们得以深刻理解:在国家生死存亡之际,个人是如何挺身而出,成为民族脊梁的。

二、四平市红色文化传承和教育

(一)红色教育基地

四平市拥有丰富的红色教育资源,这些资源在传承和普及红色文化方面起着至关重要的作用。通过各种红色主题教育和展览,四平市的红色教育基地向公众传递了深刻的红色历史知识,也激发了他们对这段历史的兴趣和尊重。在四平市,红色教育基地常常组织各种形式的教育活动,如模拟革命场景、红色故事讲述会、红色影视展播等,让青少年在接触和体验中学习红色历史。这些活动可以帮助青少年更好地理解红色文化的内涵和历史价值。同时,四平市的红色教育基地不仅仅作为历史的陈列窗口,更承担着教育实践的重要角色。四平市的红色教育基地通过把革命遗址和历史文献变为生动的课堂和教材,使得青少年在参与式学习过程中,能够深刻体验和感悟历史。通过这种互动和体验式的教育模式,有效地将红色文化的精神和价值传递给新一代。

四平市的红色教育基地包括了多个重要的历史遗址和纪念馆,如四平战役纪念馆、东北抗联博物馆等,这些基地都是革命历史的见证。在这些基地里,不仅有丰富的革命历史陈列,还有丰富的教育资源和活动设计,如纪念馆内部通过高科技手段重现历史场景,使参观者仿佛置身于那个激动人心的时代。此外,四平市的红色教育基地还积极开展各类纪念日活动、专题讲座和研学旅行,这些活动不仅增强了学生的国史知识和爱国情感,也促进了社会各界对红色文化的广泛关注和研究。通过这些教育和纪念活动,四平市的红色教育基地成为连接过去与未来、传承红色基因的重要场所。

四平市的红色教育基地通过创新和多样化的教育方式,加强了人民群众特别是青少年对红色文化的认知和理解,使红色文化的教育功能得到了充分发挥,为培养具有历史责任感和时代使命感的新时代青年提供了宝贵的精神财富和力量源泉。

(二)历史研究和出版

四平市在红色历史的研究和资料出版方面作出了显著的贡献,通过定期的研究和出版活动,为红色文化的传承提供了坚实的学术支持。四平市不断推出新的研究成果,这些成果既有从四平战役的详细历史又有红色文化的深入解析,丰富了公众对该地区红色历史的全面了解。四平市的学者和研究机构通过举办学术研讨会、发布历史论文集,增进了学术界和公众对四平战役及其红色遗产的认识和研究。此外,四平市利用各种纪念活动和出版物(如纪念册、历史回顾文集等)来传播红色故事,弘扬红色精神。这些出版物不仅是纪念先烈的一种形式,也是教育后人的重要手段,使得红色文化的教育功能得到了充分发挥。例如,通过出版四平战役纪念册、组织红色影视作品展播等活动,使红色历史教育更加生动和感人,加深了青少年和社会公众对历史的认识和敬仰。四平市的出版机构和研究基地也积极参与到红色文化的数字化和多媒体传播中，开发了一系列电子书籍、在线展览和互动教育程序，这些数字资源让红色历史的学习更加便捷和现代化。通过这些努力，四平市的红色历史研究不仅为学术界提供了宝贵的资料，也为广大公众特别是年青一代提供了易于接触和理解的红色文化教育资源。

总之，通过这些多维度的研究和出版活动，四平市的红色教育基地和历史研究机构共同推动了红色文化的深入研究和广泛传播，让四平市的红色文化得到了有效的传承，使四平红色文化成为宝贵的红色资源。

第二节　四平市红色文旅资源与乡村振兴实践

乡村振兴，生活富裕是根本。发展四平市红色文旅，整合四平市红色文旅资源，培育四平市红色文旅新业态，可以为农民增加收入来源和工作机会，从而解决农民最关心的利益问题。同时，红色文旅发展可以改善乡村生产生活环境，为乡村居民生产生活提供保障，提高生活水平，最终实现共同富裕。2020年7月22日，习近平总书记莅临四平市，为四平市的经济社会发展带来了极大的启示。

近年来，四平市深入贯彻落实党的二十大战略部署和习近平总书记视察吉林视察四平重要讲话、重要指示精神，不断用红色历史、红色文化、红色基因立心铸魂，激励新时代四平人民奋进新征程、建功新时代。一直以来，四平市以立心铸魂、道德培育、以文化人、文明提升"四项工程"为抓手，深入开展了"红色铸魂　引领发展"行动，紧扣引导群众、凝聚群众、教育群众、服务群众的最终目标，让党的理论深入人心、让社会主流价值引领社会风尚、让传统经典红色文化温润人心、让优良文明传统成为时代新风貌。

一、四平市红色政策落地

（一）立心铸魂工程，为红色历史凝聚英雄魂

首先，四平市深度挖掘"四战四平"史料，全面开展《中国共产党四平历史》（第二卷）的编撰工作，搜集了许多抗日战争和"四战四平"战斗中的英雄人物和事迹，整理了红色文化书籍等历史资料、红色档案百余份。针对"红色史实"研究开展专项委托项目征集，将《四平地区红色史实研究》纳入《2023年度四平市哲学社会科学规划项目指南题目》，共征集到48项相关项目；组织团队赴徐州进行"四战四平"战役专题调研，从"四平营"征集到《营史簿》1份、相关视频30余份、照片30余张，进一步丰富了"四战四平"相关史料，为研究和宣传"四战四平"历史提供了素材。

其次，守正创新，开展红色教育培训。例如吉林四平干部学院构建了理论教学、现场教学、访谈教学、体验教学、情景教学和影像教学"六位一体"课程体系，设计并开展了重走红色之路、唱红色歌曲、撰写红色家书等32个现场教学和体验式教学环节，编创了"英雄师长马仁兴""传奇英雄马安保""血染塔子山"等情景式教学，并将优秀传统文化"二人转"纳入红色主体课程，不断丰富党性教育方式，提升教育培训的感染力和吸引力。截至目前，吉林四平干部学院已举办红色教育培训班55期，培训学员近3000人。

第三，融媒联动，壮大红色主流舆论。四平市不断强化内容建设，优化平台功能，丰富基层服务，以平台优势、数据优势和资源优势深度融入四平经济社会发展大格局，讲好红色故事、传播党的声音。例如，在四平日报和四平电视台分别开设了"红色印记""党史上的今天"专栏和"党史回眸"栏目；在四平政府网站开设了"党史回顾"栏目；在习近平总书记视察四平三周年之际，推出了《四平：三年之变》系列短视频，通过抖音、快手、公

众号等平台播放，构建了立体宣传格局，进一步引导广大群众树立正确的历史观、民族观、国家观和文化观。

（二）道德培育工程，让红色精神成为方向标

首先，思想引领，筑牢理想信念之基。四平市结合重要时间节点和重大节庆日，在全市机关企事业单位开展"传承红色基因、赓续红色血脉""初心如磐薪火传、踔厉奋进十四五"等主题活动百余场，受教育人数近2万人。针对青少年，四平市结合地域特色开展红色思政课教育，推动红色文化走进中小学。全市中小学常态化开展"开学第一课""同上一堂思政课"，教育引导未成年人传承红色基因，扣好"人生第一粒扣子"。

其次，融合发扬，传承中华传统文化。四平市通过开展"我们的节日"系列主题教育实践活动，围绕传统节日组织了丰富多彩的活动；在清明节，四平市人民政府通过微信公众号向全市发出倡议，引导广大干部群众响应文明祭祀号召，通过"云"端方式，缅怀革命先辈；在端午节，四平市人民政府鼓励企业职工和在校师生开展"情粽端午 感悟传统"教育实践活动；在春节、中秋节等节日期间，四平市党员干部和在校师生走进社区、敬老院、福利院等地，开展"传承中华传统美德"红色主题党日等群众文化活动40余场。

第三，焕新活力，用红色提振时代精神。四平市广泛开展中国共产党人精神谱系进机关、进企业、进社区、进校园、进军营的"五走进"学习教育活动，将各个历史时期形成的伟大精神继承和弘扬，成为激励新时代人民奋进新征程的精神力量。同时，四平市还将"传承红色基因、赓续红色血脉"作为评选"四平好人""三八红旗手""劳动模范"的重要参考，全市共评选各类先进典型218人，发挥榜样示范作用，组织优秀代表组成宣讲团巡回宣

讲30余场，受众近8000人，营造出了崇尚先进、学习先进的浓厚氛围。

（三）以文化人工程，让红色根脉厚植人心

首先，提炼特色，营造红色文化氛围。四平市政府相关部门在深入考察全市57处红色点位的基础上，投入近3000万元，对四平保卫战指挥部旧址、油化工厂战斗旧址（四平攻坚战陈明仁临时指挥所）等12处红色点位进行改造升级，先后建设了马仁兴铜像广场、旗帜广场、耻钟广场等红色主题广场，打造集文化、休闲、娱乐于一体的多功能广场，让人们在繁忙的生活中放松身心，感受历史文化氛围的魅力。同时，四平市还投资1423万元，对四平战役纪念馆进行数字化改陈提升，确定"为新中国而战"基本陈列大纲主题，并于2023年7月22日全面开馆，更精准地诠释四平在解放战争中的地位和作用。

其次，多元供给，传播红色主题文化。在习近平总书记"要讲好党的故事、革命的故事、英雄的故事，把红色基因传承下去，确保红色江山后继有人、代代相传"的重要指示下，四平市综合运用全媒体方式、大众化语言、艺术化形式，传承红色基因、讲好红色故事。陆续推出纪录片《守陵人》、话剧《我们都是董存瑞》、音乐情景剧《四平战歌》等作品。四平市群众艺术馆围绕传承弘扬红色文化，开展"我们的中国梦"——文化进万家、市民文化节、农民文化节等活动近200场。同时，四平市还开展了"光影惠英城，讴歌新时代"公益电影放映季活动，在全市广场、社区、学校等14个点位，放映《万里归途》《1921》《满江红》等30部优秀国产电影，共放映200余场，深受社区居民欢迎，实现优秀影片与四平群众周周见月月见。除此之外，四平市广泛开展各类红色主题文艺演出、社区红歌大赛、红色书画摄影作品展、红色主题故事会等活动，不断激发人民群众传承红色基因、建设美好家园的热情。

第三,沉浸体验,发展红色文化旅游。四平市市委、市政府确定了"全国红色文化旅游高质量发展示范区"发展定位,确立了"以红扬名,以训带游,以游兴业"的发展思路。推出"大美伊通春"之旅、"叶赫故里·满乡风情"之旅等8条"红色+"旅游路线,通过弘扬红色文化、发展红色旅游,带动了历史文化游、自然生态游、乡村休闲游、冰雪旅游,提升了城市知名度与美誉度。四平市政府还开发了四平红色街道"仁兴街",打造520米、占地面积约18000平方米的互动体验沉浸式街区四平"仁兴里",让老街区焕发新魅力,使满族元素、东北文化等古老记忆生动重现。

(四)文明提升工程,让红色基因焕发新活力

首先,"志愿服务"引领团结友爱互助新风。四平市进一步健全志愿服务体系,深入推进新时代文明实践工作,持续推进志愿服务制度化、常态化、规范化。四平市志愿服务联合会下辖48支志愿服务队伍,共有志愿者35万余人。各级各类志愿服务组织围绕四平市文明办、四平市志愿服务联合会"志愿服务送关爱、文明实践树新风""践行文明新风,争做文明四平人"主题文明培育"十项行动"等部署,创新活动形式、丰富活动内容,常态化开展各类志愿服务活动,不断推动志愿服务工作深入实际。为了推动志愿服务便民利民,四平市在城区临街商铺、银行等地,建设了63个"爱在英城志愿服务站",为群众免费提供饮用水、免费使用公共卫生间、免费手机充电等多种服务,将志愿服务工作深入基层、服务群众。

其次,"同心工程"开展结对共建文明实践活动。四平市公安局情报指挥中心围绕"同心铸魂、暖阳、扶残、助学、护爱、富民、易俗、净美"八项重点活动内容,聚焦群众实际需求,为群众提供人性化、个性化、有针对性的志愿服务。同时,四平市各新时代文明实践中心(所、站)及各志愿服务团队已开展"同心工程"系列活动8100余场次。按照全四平市统一安排

部署，82家国家级、省级文明单位与四平市各新时代文明实践中心结成共建对子。各单位积极履行社会责任，结合领域特长，组织志愿服务团队主动与文明实践中心对接，开展扶危济困、健康医疗、"送文化下乡"等系列志愿服务活动100余场次，以实际行动助力四平振兴发展。不忘来时路，奋进新征程。四平市广大干部群众正以传承红色基因、毫不倦怠前行的姿态，致敬先烈先辈，不负时代传承，奋力谱写全面建设社会主义现代化新四平的精彩篇章。

二、四平市红色文旅项目与地方经济

（一）增加农民收入，改善生活水平

四平市的红色文旅项目对当地农民的经济收入产生了直接且积极的影响。通过开发如四平战役纪念馆、四平烈士陵园等红色旅游景点，四平市吸引了大量游客，从而带动了周边的多种经济活动。这些活动包括农家乐、特色手工艺品店、土特产销售等，农民可以通过提供住宿、餐饮、销售土特产和手工艺品等服务获得比传统农业更高的收入。

具体来说，四平市的红色文旅项目不仅促进了旅游业的发展，也为农民开辟了新的收入渠道。例如，当地农民通过转型经营农家乐，提供地道的农家餐饮和住宿服务，吸引游客体验田园生活，显著提高了当地农民的生活水平。此外，四平市的手工艺品店和土特产销售也随之兴起，农民通过销售当地的特色产品，如纪念品、手工艺品、当地农产品等，有效地将红色旅游与乡村振兴相结合，实现了经济效益的提升，部分地区农户的年收入增长了20%以上。这些农户不仅通过提供民宿服务吸引游客，还设立了特色农产品直销店，通过直销当地的有机蔬菜、果品、手工制品等，使收入有了进一步增加。这种模式将红色旅游与乡村振兴有效地衔接了起来，促进了地区经济的多

元化发展。

（二）促进就业和劳动力转移

四平市红色文旅项目的开发和运营需要大量的劳动力，这为当地居民尤其是农村劳动力提供了新的就业机会，促进了当地就业和劳动力的有效转移。通过不同红色文旅活动，不仅直接吸纳了大量从事服务业的劳动力，如旅游导览、酒店服务、餐饮服务人员等，也促进了一批专业人才的培养，特别是文旅管理、历史研究、文化传播等专业领域。从就业机会来看，对于青年和妇女而言，极大地平衡了农村与城市的就业压力，促进了劳动力从传统农业向现代服务业的转移。例如，四平市通过开展红色文旅项目，不仅培训了一批红色文化讲解员和旅游服务人员，还提供了数百个就业岗位，有效吸纳了农村剩余劳动力。这种转移不仅提高了个人的收入水平，也促进了地区经济结构的优化。

通过红色文旅项目的推进，四平市成功地将文化资源转化为经济增长点，这一转化过程中创造的就业机会为当地居民提供了多样化的职业选择。农民和其他居民通过参与红色文旅项目，能够在旅游高峰期通过提供住宿、餐饮、交通、导游和其他相关服务获得额外收入，这些都有助于改善他们的生活质量和经济状况。此外，四平市的红色文旅项目也促进了相关教育和培训机构的发展。这些机构为红色文旅产业提供了专业人才，如营销人员、文化研究员、事件策划者等，这些职业培训为当地居民提供了新的就业路径，增强了他们的职业技能和就业竞争力。

（三）推动相关产业发展和产业结构优化

四平市的红色文旅项目发展带动了相关产业的全面发展，特别是餐饮、住宿、交通、娱乐等服务业，以及土特产、手工艺品等文化产业。这些产业的发展不仅使经济总量不断增加，同时也优化了产业结构，提高了地区经济的整体水平和竞争力。例如，四平市的红色文化节和红色教育基地满足了大量的教育旅游和科研旅游的需求，这直接带动了当地酒店和餐饮业的蓬勃发展。四平市的酒店行业为适应不同层次的游客需求，从高端酒店到经济型旅馆都有所增加，而餐饮业则通过提供地方特色美食，丰富了游客的就餐体验。同时，会展服务、交通运输等相关产业也因红色文旅活动的增多而繁荣起来，旅游专线车、导游服务和特色纪念品销售等业务随之迅速增长。

红色文化产品的开发，如红色故事图书、红色主题邮品，以及以四平市历史为背景的电影和戏剧等，为文化产业的发展注入了新的活力。这些产品不仅丰富了市场供给，也满足了游客对于红色文化的多样化需求，从而带动了本地文创产品的销售，扩展了文化市场。四平市通过这些红色文旅项目，有效地推进了传统农业向现代服务业和文化产业的转型。这一转型不仅带来了经济增长，也促使产业结构向更高附加值、更大消费潜力的方向优化。地方特色农产品和手工艺品因红色文旅的推广从而获得了更广阔的市场，农民和手工艺人通过参与这一链条，实现了收入的增涨多元化。此外，四平市的红色文旅项目还带动了地方基础设施的改善和新技术的应用，如智慧旅游平台的开发、在线文化展览的推广等，这些都进一步提高了旅游体验质量，加强了地区品牌的影响力。

（四）提高品牌价值并吸引外部投资

通过系统地开发和宣传红色文旅资源，四平市显著提升了自身的地区品牌价值。红色文旅不仅吸引了大量游客，也吸引了更多的外来投资，这包括文旅项目的直接投资、地产开发，以及与文化旅游相关的商业设施建设。这些投资的流入进一步加快了地方经济的发展，形成了良好的经济循环，并提高了四平市的整体经济活力和竞争力。

四平市作为"四战四平"的历史城市，成功利用其丰富的红色文化资源，打造了"红色教育基地"等地区品牌，吸引了大众教育机构和旅游集团的关注和投资。这种品牌效应不仅提高了四平市的知名度，也为地方经济的长期发展提供了强有力的支持。例如，红色教育基地的建设和推广，促进了教育旅游和历史文化研究的发展，吸引了专业研究机构和教育团体的持续关注和资金投入。此外，四平市的红色文旅项目通过提供多样化的旅游产品和服务，如专题纪念活动、文化展览、互动体验等，进一步增强了市场吸引力和投资潜力。这些活动不仅丰富了游客的体验，也激发了私营企业和外部投资者对当地酒店、餐饮、交通和其他服务业的投资兴趣，从而促进了相关服务业的快速发展。

四平市的红色文旅项目对城市基础设施和公共服务的改善也有促进作用，如交通网络、公共安全、环境保护等，这些改善不仅提高了居民的生活质量，也增加了城市对外部投资的吸引力。通过这些综合措施，四平市不仅提高了自身的品牌价值，也实现了产业结构的优化和经济发展模式的转型。

第三节　四平市红色文旅资源与乡村振兴实践的成功经验

依据《2016—2020年全国红色旅游发展规划纲要》《吉林省红色旅游发展总体规划》《东北振兴"十三五"规划》《关于全面振兴东北地区等老工业基地的若干意见》《四平市全域旅游发展总体规划（2021—2035）》《四平市"十三五"旅游产业发展规划》《四平市工业发展"十三五"规划》《四平市城市总体规划（2011—2030）》《四平市生态保护红线划定方案》《四平市红色旅游发展规划（2021—2035年）》等文件，以"国内大循环为主体、国内国际双循环相互促进"为新发展格局，对红色文旅的发展提出了新的机遇与挑战。

一、四平市红色文旅与乡村振兴

红色文化旅游（以下简称"红色文旅"）已成为推动乡村振兴的重要策略和工具。四平市的实践展示了如何通过红色文旅项目，有效地促进经济发展、文化传承和社区活力，进而全面推动乡村振兴。

（一）经济发展与就业创造

红色文旅通过开发红色历史遗址和文化资源，成功吸引了大量游客，带动了当地旅游经济的快速发展。这不仅使旅游收入得到了显著提高，还促进了周边餐饮、住宿、交通和零售业的全面繁荣。例如，四平市通过修复和利用烈士纪念设施、老战场等红色遗址，保存了珍贵的历史记忆，创造了众多就业机会。这些就业机会广泛分布在旅游导览、酒店服务、地方特色餐饮等领域，极大地促进了本地居民，特别是农民和小微企业的经济增长。

通过提供旅游服务、销售地方特产等方式，当地居民得以增加收入并改善了生活水平。红色文旅项目的推广和发展，使得四平市成为一个典型例子，展示了文化旅游如何助力经济增长和社会进步。四平市的旅游业增长不仅带来了直接的经济效益，如增加旅游收入和税收，也带来了间接效益，包括就业机会的增加和旅游相关产业的扩展。特别是在农村地区，红色文旅的发展有助于农民通过参与旅游服务业转变其经济模式，从传统的农业生产向服务导向的业态转变。例如，许多农户转型开设农家乐，不仅提供住宿服务，还提供地方特色餐饮，吸引城市游客体验乡村生活，这种转型显著提高了他们的收入和生活质量。

四平市的成功案例表明，通过整合文化资源和优化旅游服务，红色文旅项目可以成为推动地方经济发展和社会就业的重要引擎。这种发展模式不仅促进了当地经济的多元化，也为其他地区提供了一个可借鉴的成功范例，展示了如何通过文化旅游项目促进经济和就业的双重增长。

（二）文化传承与教育

红色文旅项目是红色文化传承和爱国主义教育的重要场所。通过举办红色主题展览、教育活动、红色故事讲述等，这些项目有效增强了公众特别是青少年的历史意识和国家认同感。四平市的红色教育基地和纪念馆通过定期举办各类公民教育活动,有效地将红色文化教育与乡村振兴战略相结合,促进了文化和历史的深入学习与理解。四平市红色文旅项目通过展示革命历史和英雄事迹,让访客特别是年青一代能够直观地感受到红色文化的深厚内涵和精神力量。例如,四平战役纪念馆通过多媒体互动展览、实景再现等方式,让青少年学生能够身临其境地了解四平战役的历史背景和革命先烈的英勇事迹,从而深化他们对国家历史的认识和对爱国主义的情感体验。

此外,四平市的红色文旅项目还注重教育资源的整合和创新。通过与学校、研究机构合作开展研学旅行、历史教育项目,四平市不仅提供了丰富的教育内容,还创造了互动和体验学习的环境。这些教育项目不仅吸引了本地学生,也吸引了来自全国各地的学生和教育工作者,成为推广红色文化和爱国主义教育的有效平台。

四平市的红色教育基地和纪念馆的活动与展览也积极响应了国家的教育政策和文化振兴战略,通过教育论坛、师资培训、教材开发等方式,促进了教育方法的创新和教育质量的提升。这一系列活动和措施不仅强化了文化传承,也提高了四平市在全国红色教育网络中的地位和影响力。

总体而言,四平市通过红色文旅项目在文化传承与教育方面的努力,不仅使红色文化得到了广泛的传播和深入的研究,也培养了公民的社会责任感和历史使命感,为持续推动社会主义核心价值观的培育和传播提供了坚实的基础。

(三)社区参与与发展

红色文旅项目鼓励和依赖于社区居民的广泛参与,这种参与不仅为社区居民带来了经济上的直接好处,还增强了他们对红色文化的自豪感和归属感。在四平市,红色文旅项目通过吸纳当地居民参与项目的运营和管理,有效地提升了居民的经济收入并促进了社区的文化发展。居民参与旅游接待、产品开发、文化活动策划等多个方面，这种模式极大地增强了社区的内聚力和文化活力。例如，许多居民通过提供家庭旅馆、餐饮服务或成为文化讲解员，提高了自身的生活水平，成为了红色文化传承的活跃参与者。这些活动帮助居民更深入地理解红色文化的价值，同时将这种文化以实际行动传播给来自各地的游客。

此外，四平市的红色文旅项目还促进了社区文化活动的丰富和多样化。社区定期举办的红色故事分享会、文化展览和纪念活动，不仅为居民提供了展示本地文化的平台，也加强了不同年龄和背景居民之间的交流和联系。这种文化的共享和交流，增进了社区成员的相互理解和支持，推动了社区团结和谐的氛围。

四平市红色文旅项目的社区参与方式还包括支持当地的手工艺品制作和农产品直销。许多居民通过制作和销售红色文化主题的手工艺品或提供地方特色农产品，不仅丰富了市场的多样性，也提升了本地产品的知名度和吸引力。这些活动有助于维护和发展传统手工艺，同时也让农产品销售成为推动当地经济发展的重要力量。通过这些举措，四平市的红色文旅项目不仅成为经济增长的新引擎，更成为推动社区参与、文化传承和社区发展的关键平台。这种从底层到顶层的全民参与，为四平市的乡村振兴和社会和谐提供了持久而有效的支持。

（四）旅游产品多元化与创新

红色文旅推动了旅游产品的多元化和创新，四平市通过结合红色文化与地方特色，开发了一系列具有创新性的旅游产品，这些产品不仅丰富了旅游市场，满足了不同游客的需求，而且推动了地方文化与旅游业的融合发展。四平市利用其丰富的红色历史资源，如四平战役纪念馆、烈士陵园等，开发了红色教育研学游。这类研学游不仅让学生们在实地考察中了解历史，体验红色文化的魅力，而且通过互动的教学方式，如角色扮演、历史重现等，增强了教育的趣味性和实效性，使学生们能够更深刻地理解历史和文化。

同时，四平市的红色主题民宿也为游客提供了独特的住宿体验。这些民宿多采用传统的村落风格，内部装饰和布置充满了红色文化元素，如老照片、红色标语、革命年代的家具等。游客在这里不仅能够感受到历史的氛围，还能享受到地方的传统美食和热情的待客之道，这种体验使得文化旅游与休闲度假完美结合。此外，四平市的红色文化创意产品也大受欢迎。这些产品包括但不限于红色故事图书、红色主题邮品、文化创意手工艺品等。这些创意产品不仅是购买纪念品的选择，更是文化传播的媒介，通过现代设计和创意加工，让红色文化以更加亲民和时尚的形式进入公众视野，增强了文化的传播力和影响力。

四平市还通过举办红色文化节、红色艺术展、历史讲座等多样的文化活动，进一步拓展了旅游产品的多样性。这些活动不仅吸引了文化爱好者和专家学者，也吸引了众多普通游客，通过参与这些活动，游客能够更全面地了解四平市的红色文化和历史背景。

通过这些多元化和创新的旅游产品，四平市的红色文旅项目不仅为游客提供了丰富的旅游选择，也为地方经济的发展注入了新的活力，促进了文化和旅游的深度融合，展示了文旅融合发展的新模式。

（五）生态环境与可持续发展

红色文旅项目在推动文化传承和旅游发展的同时，也高度重视生态保护和可持续发展。四平市的红色文旅区域通过科学规划和管理，尽量减少对环境的影响，强调在旅游发展过程中保护自然景观和生态环境。这种发展策略不仅保护了地区的自然美景，也确保了旅游活动的长期可持续性。

四平市通过发展生态旅游和绿色旅游等方式，积极实现了旅游发展与环境保护的双赢局面。例如，红色文旅项目中引入了生态导览、自然体验教育、环境保护工作坊等元素，这些活动不仅教育游客如何尊重和保护自然，也提供了游客与自然亲密接触的机会，增强了游客的环保意识和责任感。在具体实施上，四平市红色文旅区域内的开发和建设活动都必须遵循严格的环保标准和指南。这包括使用环境友好的材料、实施能源节约和废物减少措施、保护当地生物多样性等。例如，四平市的某些红色旅游区域采用了太阳能路灯、雨水收集系统和绿色建筑设计，以减轻环境的负担。此外，四平市还鼓励社区居民参与生态旅游的各个方面，从而提高他们对生态保护的投入和热情。这包括训练当地居民成为生态旅游向导，参与当地生态保护项目，以及通过向游客销售本地生态友好产品来增加收入。这种社区参与的模式加强了当地社区对生态旅游和环境保护的支持。

通过这些措施，四平市红色文旅项目不仅为游客提供了丰富多彩的旅游体验，也为地方社区的可持续发展树立了典范。这种既注重经济效益又强调环境责任的双重策略，展示了可持续旅游发展的新路径，为其他地区提供了宝贵的经验和参考。

二、四平市红色文旅与数字技术

四平市在红色文旅发展中积极利用数字技术，增强游客体验，扩大红色文化的影响力。

（一）虚拟现实（VR）和增强现实（AR）技术的应用

四平市的红色文旅项目积极利用虚拟现实（VR）和增强现实（AR）技术，重塑历史场景，让游客能够"身临其境"地体验历史事件。这种技术的应用极大地增强了游客的体验深度，使得历史教育更加生动和直观。

例如，在四平战役纪念馆，通过配备先进的 VR 头盔，游客可以观看到四平战役的全景模拟。其中包括战斗场景的重现，还包括对那个时期民众生活、士兵互动和关键历史事件的深入展示。这样的模拟不仅增强了教育的吸引力，也使得历史的每一个细节都显得更加真实和感人。此外，AR 技术的应用让游客在参观传统展览时，可以通过手机或平板电脑，看到额外的信息层或数字重现的历史场景。例如，游客在观看某个历史遗迹或展品时，可以通过 AR 技术看到该场景在历史上的样子，或是相关历史人物的动态信息，这种交互式的学习方式极大地提升了参与感和教育效果。

四平市的数字技术应用不仅限于展览和教育，还扩展到了红色文化的创意产品开发。通过 VR 和 AR 技术，一系列红色文化的虚拟体验产品先后开发出来，如虚拟红色故事书、互动式红色教育游戏等，这些产品让红色文化教育更加符合现代受众，尤其是年轻人的消费习惯和技术期待。

四平市的这些创新做法有效地将传统的红色文化与现代数字技术相结合，不仅为传统文化教育注入了新活力，也为旅游业的发展开辟了新路径。通过这种方式，四平市成功地吸引了更广泛的年轻受众群体，同时也展示了红色文旅在科技创新方面的前瞻性和领导力。

（二）大数据在红色文旅中的应用

四平市在红色文旅的发展中积极应用大数据技术，通过分析游客的数据（如游客流量、消费行为、满意度等），优化了红色文旅服务和管理。这种数据驱动的方法使景区能够更精准地调整服务配置，优化游客路线，提高游客满意度，从而增强整体的经营效率和游客体验。

具体来说，通过收集和分析大数据，四平市的红色文旅项目可以实时监控游客流量和行为模式，从而预测高峰时段和热点区域，提前进行人流管理和服务调配。例如，如果数据显示某个展览区域在特定时间段内游客数量激增，管理者就可以及时调整工作人员的分布并开放额外的服务设施，如休息区和售卖点，以避免拥堵、提升游客满意度。同时，大数据分析可以帮助四平市红色文旅项目深入了解游客的消费行为和偏好，这使得景区能够提供更加个性化的服务。例如，通过分析游客的购物、餐饮和活动参与数据，景区可以调整其商品和服务供应，推出符合游客喜好的商品和活动，从而增强游客的购买意愿和体验满意度。此外，大数据还促进了红色文旅营销策略的创新。四平市通过分析来自不同渠道的游客数据，如社交媒体、在线旅游平台和直接反馈，能够设计出更有效的营销和宣传策略。例如，通过分析游客的在线行为和反馈，四平市可以识别和利用游客对红色文化和历史的特定兴趣，定制精准的广告和推广活动，吸引更多潜在游客。

四平市的这些应用实例表明，大数据不仅提升了红色文旅项目的运营效率和经济效益，而且通过提供更加精准和个性化的服务，极大地增强了游客的整体体验。这种以数据为基础的智能管理和服务方式，为四平市红色文旅的可持续发展和竞争力提升提供了有力的支撑。

（三）数字内容创新

四平市积极推动红色文旅的数字内容创新，通过开发一系列基于红色文化的数字内容产品，如红色故事电子书、红色文化主题手机APP、在线红色文化课程等，使红色文化教育不受时间和空间的限制，更容易被公众接受和参与。这些数字产品有效地扩大了红色文化的传播范围，使红色文旅的教育意义能够深入人心，同时也为红色文旅开辟了新的商业模式和增长点。

例如，通过红色故事电子书，四平市让革命历史和英雄事迹以互动和多媒体的形式呈现，吸引了包括年轻人在内的更广泛群体。这些电子书结合了丰富的图文内容和互动功能，增强了阅读和学习的趣味性，使得用户不仅能阅读传统的红色故事，还能通过视频、音频和互动问答等多种方式深入理解历史。同时，四平市开发的红色文化主题手机 APP 集导览、教育、互动和社交功能于一体，让游客在游览红色文旅景点的同时，能够随时获取深度的文化背景信息，参与虚拟互动体验，甚至与其他游客分享心得和讨论。这种 APP 的应用极大地丰富了游客的体验，提升了红色文旅项目的吸引力和教育价值。此外，四平市的在线红色文化课程通过提供系列讲座、研讨和教育资源，让教师和学生能够不受地理限制地进行红色文化的学习和研究。这些课程通常由专家学者主讲，课程结合了丰富的案例和历史资料，不仅提高了教育的专业性，也使得红色文化教育更加系统化和普及化。

通过这些数字内容创新，四平市不仅增强了游客的体验，还推动了红色文化的现代化传播，为红色文旅的持续发展提供了新的动力和方向。这种创新不仅帮助四平市的红色文旅项目吸引了更多的游客，也为其他地区提供了值得借鉴的成功经验，展示了如何通过数字化手段让传统文化与现代技术融合，共同促进文化与旅游业的发展。

三、四平市的成功经验

（一）加强红色文旅基础建设，拓宽市场业态接纳能力

四平市的红色旅游资源主要类型为遗址、遗迹类；墓碑（群）、陵园类；纪念场馆类。四平市以红色文旅为重点，依托山地森林、河湖湿地及重点风

景名胜、古城遗迹、地质奇观、美丽乡村等资源，形成了城市红色文化旅游、红色生态旅游、红色乡村民俗旅游，构建起红色文旅与其他资源互融共生的局面。四平市打造了极强的旅游业市场接纳能力，扩大了市场吸引力，关注红色文旅资源与绿色生态、历史文化和民族风情等其他旅游资源的有机结合，这有助于丰富四平市旅游业态，形成具有较大吸引力、影响力和开发潜力的综合旅游产品。

四平市红色旅游布局本着突出分区主题、功能分区协调、环境保护优先的原则，形成以红色旅游资源为核心，山城协同发展，生态旅游资源良性互动，乡村旅游资源有机补充的布局思路。四平市综合考虑区域自然地理环境、交通条件、市场区位、红色文旅资源的品位、已开发红色旅游产品的档次及其空间分布状况等因素，规划完成了相关基础设施的平台搭建工作。

（二）引进人才推动文化与产业发展

积极引进高层次人才、做好科学技术的创新推动工作，是文化与产业发展不可或缺的文化支撑。四平市在全域范围内开展了红色文旅资源普查摸底工作，坚持资源保护性开发和实施分类指导与有序开发原则，针对各类客群需求，开发红色培训、红色研学、红色文创、红色度假等旅游产品，加大红色研学产品开发和红色研学基地的建设，积极筹办中国（四平）红色旅游文化节，组织创作四平红色旅游特色革命历史文艺和文化作品，打造了一批国家级、省级红色文旅精品线路和研学旅行基地。

四平市乡村振兴与红色文旅的共享互为，是建立在招才引智基础之上的，积极引入高学历专业人才作为智库，可以更有效地完成支撑产业协调、持续发展的技术推动工作。例如，四平市从"政府＋高校＋乡村"的合作共建模式中入手，将高校人才以大学生村官或者高校课题对象等方式引流应用至乡村振兴建设过程中，通过熟悉振兴岗位的相应情况，拓展红色文化产业的思想培训，以科技创新推动产业融合，为高速建设乡村振兴与红色文旅产业融合互通共谋发展献策献力。

（三）保护和弘扬红色文化、打造专属红色文旅品牌

积极保护和弘扬原有传统文化、红色资源，丰富人文底蕴，建设红色文旅品牌是张扬城市特性的不二选择。文旅产业兴旺，质量是根本、品牌是关键，四平市在整理编撰和宣传推广上做了许多的工作。

近年来，四平市围绕"四战四平"红色历史，先后编辑出版《四平英烈》《血沃英雄城》《四战四平资料丛书》《四战四平烈士英名录》《四战四平史》《四战四平回忆录》《四战四平简史》等20多部学术专著和宣传资料；开通四平战役纪念馆网站，并推出网络版《四平战役历史图片展览》；制作或协助制作完成了16集历史文献资料片《四战四平》、历史文献片《东北解放战争全记录之三——内战的起点，四平保卫战》以及专题纪录片《追寻中国红》中的"四战四平"部分，成功宣传打造了以"四战四平精神"为核心的四平红色文化精神。

四平市乡村红色文旅发展模式也存在着一些不足和亟待解决的问题。这些问题主要体现为景点开发模式相对单一，资源整合不够系统，文旅融合程度和地域特色程度不显著；红色旅游资源开发缺乏整体性规划，景点分散、各自为阵，没有形成规模较大、具有带动效应的景区或者是红色文化观赏带；人才体系的专业度和完整度尚有欠缺，导致品牌整体的塑造和推广上有所限制等。

四、四平市成功经验的可复制性

四平市红色文旅发展经验具有显著的示范作用,其成功的根本立足有效地结合了现代地方历史文化资源与乡村振兴需求。

(一)整合红色资源与乡村振兴

四平市通过整合红色历史遗址、文化教育和旅游资源,打造了一系列红色文旅项目,如四平战役纪念馆、四平烈士陵园等。这些红色文旅项目不仅成为了纪念和教育场所,更成为促进当地经济发展和乡村振兴的重要力量。其他与四平市情况类似的地区可以借鉴自身形成的红色资源和历史背景,开发相应的红色文旅项目,与地方特色农业、手工艺等乡村产业相结合,形成独特的乡村振兴模式。

(二)发展红色教育旅游

四平市利用丰富的红色历史资源,发展红色教育旅游。例如,通过建立红色教育基地、开展红色主题教育实践,吸引了广大师生和研学旅游团体。这种方式不仅传承了红色文化,也促进了当地旅游业和相关服务业的发展。其他地区可以仿照四平市将红色文化教育与学校教育相结合,发展红色科研旅游,提高青少年对国家历史的认识和爱国情感,同时也能带动地方旅游和教育服务业的发展。

(三)促进社区参与和文化传承

四平市红色文旅项目注重社区居民的参与,通过组织红色故事讲述、文化节庆活动等方式,增强了社区的文化认同和凝聚力。这种模式强化了红色文化在当代的传承,同时也促进了社区经济的发展。其他地区可以鼓励社区居民参与红色文旅项目的规划和运营,通过文化传承活动、社区旅游等方式,增强社区的文化生活和经济活力。

综上所述,四平市的经验体现了红色文旅与乡村振兴之间的有机结合,为其他地区提供了可参考的路径和方法。

第三章

辽宁省红色文旅资源与乡村振兴实践的经验

第三章 辽宁省红色文旅资源与乡村振兴实践的经验

第一节 辽宁省红色文旅资源

从辽宁地区党组织的建立，到中国抗日战争的九一八事变，再到新民主主义革命时期的曙光初现，以及新中国成立和社会主义建设时期，辽宁人民在中国共产党的领导下，书写了反抗外来侵略和封建压迫、进行革命斗争和建设的光辉历史。辽宁红色文化遗址是在这些特定历史时期、环境和事件中留存下来的宝贵遗迹和纪念设施。这些遗址真实反映了中国共产党在新民主主义革命、社会主义革命和建设各个时期，领导辽宁人民在白山黑水间进行革命和建设的珍贵历史，展现了辽宁人民的精神风貌。

一、辽宁省红色文旅资源的主要特点

（一）红色资源种类齐全

辽宁省的红色文化遗址、遗迹、纪念设施数量众多，分布广泛，覆盖了全省 14 个城市。这些遗址和设施不仅种类齐全，而且各具特色，全面展示了中国共产党早期革命活动的历史痕迹、抗日战争及解放战争的重要记忆。在辽宁省，著名的红色文化遗址有中共满洲省委旧址，这里曾是中国共产党

在东北抗日斗争中的重要活动基地；刘少奇旧居，见证了伟大革命家的青年时期；东北抗日联军第一军西征会议遗址，这里曾举行重要会议，策划对日作战行动；银冈书院和中共沟帮子铁路党支部活动旧址等也都是红色教育和研究的宝贵场所，承载着丰富的革命历史教育意义。

此外，辽宁的红色文化纪念设施在全国也具有很高的知名度，例如，"九·一八"历史博物馆详细记录了日本侵华战争的始末，沈阳二战盟军战俘营旧址陈列馆展示了盟军战俘在中国东北的生活和抗日活动，审判日本战犯特别军事法庭旧址、抚顺战犯管理所旧址陈列馆则是审判日本战犯、揭露其罪行的重要场所。东北抗联史实陈列馆、辽沈战役纪念馆、赵尚志纪念馆等不仅是纪念设施，更是教育新一代了解抗日战争和解放战争的重要基地。抗美援朝纪念馆、关向应纪念馆、黄显声故居以及阜新万人坑死难矿工纪念馆等则进一步丰富了辽宁红色文化的内涵，展示了从抗日战争到抗美援朝战争的历史进程。

（二）红色资源数量丰富

辽宁省共拥有 782 处红色文化遗址，这一数量在全国各省中占有重要地位，展示了辽宁在中国革命历史中的特殊角色和贡献。这些遗址中，包括了 125 处重要历史事件和重要机构旧址，如早期的中共秘密活动地、抗日战争和解放战争的关键指挥所等；301 处重要历史事件及人物活动纪念地，如红军战斗遗址、革命领袖活动地等；13 处重要人物故居，记录了许多革命先烈的生活和斗争；70 处烈士墓，安放着为国家和民族独立、解放牺牲的英雄；以及 273 处各类纪念设施，包括纪念馆、纪念碑、陈列馆等，这些设施为红色文化的传播和纪念提供了丰富的物质基础。

辽宁省 14 个地级市中，红色文化遗址的分布呈现东多西少的特点，尤其是抚顺、大连、本溪、沈阳四个城市，它们作为革命活动的重要中心，各自拥有 183 处、80 余处、178 处、100 余处红色文化遗址，这些城市的红色遗址不仅数量众多，而且保存状态良好，成为研究中国共产党早期历史、抗日战争和解放战争的重要窗口。特别是抚顺和沈阳，这两个城市不仅因为历史上的重要角色而知名，更因为抚顺战犯管理所旧址陈列馆和辽沈战役纪念馆等设施的存在，成为红色教育和爱国主义教育的重要场所，吸引了无数研究者和游客前来。这些遗址的有效保护和利用，不仅提升了辽宁省的文化旅游吸引力，也促进了地方经济和社会的全面发展，为乡村振兴提供了宝贵的文化资源和历史资本。

（三）红色资源时间跨度长

辽宁的红色文化遗址资源全面覆盖了从辽宁党组织的建立，到抗日战争胜利、解放战争胜利，再到社会主义建设和改革开放的各个历史阶段，间接记录了中国的近现代历史进程。在辽宁的党组织建立及大革命时期，主要遗址包括中共沟帮子铁路党支部活动旧址、大连中华工学会旧址和中共满洲省委旧址。抗战时期的纪念设施有"九·一八"历史博物馆、赵尚志纪念馆和阜新万人坑死难矿工纪念馆。解放战争时期的遗址和纪念设施则包括辽沈战役纪念馆和中共中央东北局第一次扩大会议旧址。新中国成立后的纪念设施主要有抗美援朝纪念馆和雷锋纪念馆。这些丰富的红色遗址资源，使辽宁的红色文化遗址文化生命力得以不断延续和强化。从 1931 年的九一八事变起，至 1945 年日本投降，辽宁经历了长达 14 年的抗日战争。在这漫长的岁月中，辽宁人民展现了不屈不挠的英勇精神，从未向侵略者低头。辽宁的抗战经历贯穿了中国抗战的始终，对中国的抗日战争乃至世界反法西斯战争的胜利，均作出了不可磨灭的重要贡献。在这一历史进程中，辽宁留下了众多珍贵的红色文化遗址资源，这些遗址不仅是传承和发展辽宁红色文化的重要基石，同时也在国内外享有独特的地位和广泛的影响力。其中，"九·一八"历史博物馆、中国（沈阳）审判日本战犯法庭旧址陈列馆、阜新万人坑死难矿工纪念馆、抚顺战犯管理所旧址陈列馆、东北抗联史实陈列馆、中共满洲省委旧址、沈阳二战盟军战俘营旧址、抚顺平顶山惨案纪念馆、赵尚志纪念馆等9处红色文化纪念设施在2014年和2015年分两批正式被列入国家级抗战纪念设施、遗址名录。这些遗址不仅是红色文化的重要组成部分，也是研究中国近现代历史，尤其是抗战历史的重要资源。

二、辽宁重要的红色文旅资源

（一）中共沟帮子铁路党支部活动旧址

中共沟帮子铁路党支部活动旧址位于辽宁省锦州市北镇市沟帮子经济开发区的铁路中学内，是1923年至1931年中共沟帮子铁路党支部的所在地。这一历史地点现为省级党史教育基地及省级文物保护单位，最近的修缮完成于2016年。1921年中国共产党成立后，为强化辽宁的革命领导，设立了中共北方区执行委员会。1923年，中央派陈为人、邓中夏等前来辽宁，推动党的建设，同年欧阳强在此建立了中共沟帮子铁路党小组，成为辽宁最早的党组织之一。这一基层党组织的建立具有创始性意义，推动了辽宁其他地区党组织的建设，展示了党在辽宁的领导力量。

（二）大连中华工学会旧址

大连中华工学会成立于1923年12月，是东北地区首个工会组织和工人政治团体，也是中国共产党北方局培养优秀分子的重要摇篮。1926年4月27日，大连福纺纱厂的1000多名工人在大连中华工学会和中国共产党的领导下，举行了反抗日本帝国主义殖民统治的大规模罢工。这场斗争全国闻名，最终取得了胜利。大连中华工学会旧址现位于大连市沙河口区黄河路658号，为省级重点文物保护单位。大连福纺纱厂（现为大连纺织厂），是日本侵占大连后建立的日资企业。1926年4月，日本侵略者借金票涨价之机，克扣和剥削中国工人工资，导致工人生活困苦，引发不满。工人与日方交涉遭拒后，罢工提议提出。罢工当日，工人代表侯立鉴关闭电源，拉响汽笛，标志罢工开始。侯立鉴等人被捕后，中共大连地方委员会和大连中华工学会召开记者会，介绍罢工原因，控诉日方剥削和压迫。这场罢工获得了全国工人和社会各界的支持，持续3个月，以日方接受工人复工条件告终，打击了日本帝国主义。这是东北地区工人阶级在中国共产党领导下进行的最大规模的反帝斗争，激励了大连及其他地区工人反对日本帝国主义的斗争，推动了全国工人罢工运动和大革命高潮，扩大了中国共产党的影响力。为纪念这次大罢工，大连纺织厂于新中国成立后在厂区南门修建了"四二七"纪念碑，该纪念碑现存于大连旅顺日俄监狱旧址博物馆。

（三）中共满洲省委旧址

中共满洲省委旧址是辽宁省现存的唯一中国共产党早期地下领导机关旧址，位于辽宁省沈阳市和平区皇寺路福安巷3号。这一地点是省级文物保护单位和省级党史教育基地，反映了当时中共党员利用福安里复杂的环境从事革命活动的历史背景。

1927年4月，中国共产党第五次全国代表大会后，党中央召开东北工作会议，会议强调为了使东北地区在全国革命中继续发挥重要作用，必须统一东北的党组织并建立统一的领导机构。于是，中共满洲省委的筹建工作开始。1927年10月24日，哈尔滨的东北地区党的活动分子会议上成立了中共满洲省委临时委员会，选举陈为人为书记，并设机关于奉天（今沈阳），这开启了东北党史的新篇章，对辽宁党组织的发展和指导人民开展革命斗争有重要推动作用。1928年9月，中共满洲省委临时委员会更名为中共满洲省委。

在中共满洲省委的领导下，辽宁工人运动持续发展，领导了包括奉天十二家造纸厂工人罢工、大连油篓工人罢工、营口东亚烟草公司工人罢工等一系列重要工人运动。这些运动不仅推动了辽宁地区工人阶级的觉醒和组织建设，也为中国革命积累了宝贵的经验和力量。这一历史旧址的保护和教育基地的建设，让后人能更深刻地了解和学习这一时期的革命历史。

（四）"九·一八"历史博物馆

"九·一八"历史博物馆位于辽宁省沈阳市大东区望花南街46号，这是九一八事变发生的地点。成立该博物馆以铭记中国人民遭受的屈辱历史，揭露日本帝国主义的侵略罪行，同时警示和教育公众。九一八事变陈列馆于1991年建成，而"九·一八"历史博物馆在1999年落成。馆内收藏了大量历史照片、文献档案和实物，这些都是日本法西斯侵略中国的罪证，展示了中国人民在抗战期间的波澜壮阔和艰苦卓绝的历史。"九·一八"历史博物馆是国家一级博物馆、国家级爱国主义教育基地、首批国家级抗战纪念设施和中央国家机关爱国主义教育基地。

中国抗日战争的序幕从辽宁开启。1929年全球资本主义经济危机爆发后，日本受到沉重打击。为缓和国内矛盾和转移危机，日本统治阶级煽动对外侵略战争，加紧侵华准备。1931年秋，日本关东军多次谋划后，选择1931年9月18日在沈阳柳条湖炸毁南满铁路作为发动侵略战争的借口，迅速占领沈阳并扩展至整个东北。9月18日深夜，关东军在柳条湖附近的铁轨上安放炸药，炸毁了经过的火车。以爆炸声为信号，日军向北大营等地发起突袭。由于国民党的不抵抗政策，日军次日即占领沈阳。到1932年年初，辽宁、吉林、黑龙江三省的70多万平方公里领土成为日本占领地。九一八事变后，中日民族矛盾成为主要矛盾，中国人民坚决要求反抗日本帝国主义侵略。

习近平总书记在纪念抗战暨世界反法西斯战争胜利69周年的讲话中强

调了九一八事变和七七事变的重要历史意义。习近平总书记提到，九一八事变不仅是中国人民抗日战争的起点，也开启了世界反法西斯战争的序幕；而七七事变则标志着中国全民族抗战的开端，为世界反法西斯战争在东方开辟了主战场。2017年，教育部确认"十四年抗战"概念，强调辽宁人民反抗日本侵略的武装斗争。在这14年的抗战期间，中国共产党与辽宁人民并肩作战，充当了坚强的中流砥柱，发挥了关键作用。

（五）东北抗日联军第一军西征会议遗址和东北抗联史实陈列馆

在日军侵占东北三省后，辽宁、吉林、黑龙江的广大人民群众纷纷成立了救国军、自卫军、反日总队等各种武装抗日组织，开启了东北抗日游击战争的序幕。这些组织被统称为抗日义勇军，进行了一系列自发的抗日义勇行动。中国共产党积极支持、援助这些抗日义勇军，并承担起领导工作。

1932年11月，杨靖宇按照中共满洲省委的指示负责整顿当地党组织、抗日游击队和抗日义勇军，并改编为红三十二军。1933年9月，东北人民革命军第一军成立，杨靖宇任军长兼政委。到了1936年2月，中共南满省委成立，并建立了全东北抗日联军总司令部，统一了全东北的抗日武装力量，称为东北抗日联军，杨靖宇继续担任第一军的军长及政委。1936年5月，杨靖宇在汤沟的笔架山下召开军事会议，决定东北抗日联军第一军西征，这一重要决策标志了抗联的战略转变。为纪念这一历史事件，在会议遗址建有纪念碑，这里现为省级党史教育基地和文物保护单位，位于辽宁省本溪县草河掌镇胡堡村。东北抗日联军是中国抗战初期参战的第一批人民军队，也是抗战时间最长的一支部队。他们在东北与日军进行了长期的艰苦卓绝斗争，有效牵制了日军南侵，为中国抗日战争的胜利作出了巨大贡献。1937年，七七事变爆发，东北抗日联军的主要任务转为配合全国抗战。尤其是在抗战后期，东北抗日联军与苏军协作，对日作战，为抗战最后胜利作出了显著贡献。东北抗日联军抗战长达 14 年,他们的牺牲和努力铸就了伟大的东北抗联精神,成就了抗日战争的胜利,这在世界战争史上具有重要地位。

东北抗联史实陈列馆位于辽宁省本溪县小市镇滨河东路,于 2007 年 5 月正式建成并开放。这座陈列馆是全国抗联史实陈列馆中规模最大、史料最全的,也是辽宁省唯一展示东北抗日联军历史的陈列馆,成为研究和教育的重要场所。

(六)赵尚志纪念馆

赵尚志纪念馆位于辽宁省朝阳市双塔区中山大街二段,自 2008 年建成开馆以来,已成为全国爱国主义教育基地。馆内通过展示赵尚志生前使用的木炮、砚台、生活用品等实物,以及重现历史事件的蜡像场景,全面展现了赵尚志反抗日本帝国主义侵略和争取民族解放的重大贡献。

赵尚志,本名李兆铭,是朝阳县人,1925 年加入中国共产党。在九一八事变后,赵尚志曾担任中共满洲省委常委、军委书记,创建了东北反日游击队。他后来担任东北人民革命军第三军军长和东北抗日联军第三军军长,成为东北抗日联军的创始人和关键领导之一。在中共北满临时省委的领导下,赵尚志领导东北抗日联军第三军在松花江下游开展了抗日斗争,取得了多项军事成就。1942 年,赵尚志因被叛徒出卖而壮烈牺牲,他的英勇事迹使他被誉为抗日民族英雄。2009 年,赵尚志被评为"100 位为新中国成立作出突出贡献的英雄模范人物"之一。

赵尚志纪念馆通过详尽展示赵尚志的生平和抗日斗争经历,不仅纪念这位伟大的民族英雄,也教育和激励现代人铭记历史,传承和发扬红色精神。这使得纪念馆成为学习和传承爱国主义教育的重要场所,引导人们深刻理解和珍视抗日战争期间的历史教训及其精神价值。

（七）中共中央东北局第一次扩大会议旧址和中共中央东北局旧址

中共中央东北局第一次扩大会议旧址，也称张氏帅府西楼，原是奉系军阀张作霖及其长子张学良的官邸和私宅。这一重要历史地点位于辽宁省沈阳市沈河区朝阳街少帅府巷46号，现为全国重点文物保护单位、省级文物保护单位和省级爱国主义教育基地。中共中央东北局旧址原位于辽宁省本溪市明山区永胜街9号，但该地点现已拆除。

东北地区因其战略地位的重要性，成为国共两党在抗战胜利后首先争夺的关键地区。国民党通过与苏联签订的《中苏友好同盟条约》接收东北，并禁止苏军向中国共产党移交该地区的控制权。1945年9月5日，日本投降后，八路军以"东北人民自治军"的名义接管了沈阳，标志着东北战略争夺的开始。1945年9月18日，中共中央派遣彭真、陈云等人到张氏帅府大青楼内组建中共中央东北局，并在张氏帅府西楼召开了中共中央东北局第一次扩大会议。会议传达了中央制定的全力争取东北的战略方针，研究了部队和干部进入东北的形势及斗争任务。此次会议对东北地区的共产党活动和军事行动起到了重要的指导作用。1945年11月，国民党军队进入辽宁。由于《中苏友好同盟条约》的签订，国民党政府要求中国共产党领导的军队撤离铁路线若干里以外。经党中央同意，中共中央东北局和东北人民自治军总部从沈阳撤出，迁移到本溪，进驻宫原区北地工字楼内。这一战略移动标志着中国共产党在东北的战略从"独占东北"转变为"让开大路，占领两厢"的新阶段，为后续的战略布局和斗争提供了新的方向。

这一系列事件和转变体现了中国共产党在东北地区的战略机动性和政治远见，为最终在东北地区的胜利奠定了坚实的基础。中共中央东北局第一次扩大会议旧址作为重要的历史遗址，今天仍然是研究和教育后人的重要场所，使人们能够深入了解抗日战争和解放战争期间在东北发生的重要历史事件。

（八）辽沈战役纪念馆

辽沈战役纪念馆，建于1958年，新馆于1988年落成开放，最近一次修缮是在2017年1月至4月期间。馆内珍藏了丰富的文物资料，全面反映了东北解放战争的历史。这座纪念馆现位于辽宁省锦州市凌河区北京路5段1号，是全国首批免费开放的纪念馆、全国爱国主义教育基地和全国国防教育基地。

抗日战争胜利后，中国共产党真诚希望争取和平，通过重庆谈判、政治协商会议等方式为和平与民主做了大量努力。然而，国民党在1946年6月向解放区发动了全面进攻，导致全面内战的爆发。内战期间，中国共产党领导的解放区军民坚决以积极防御策略粉碎了国民党军队的进攻，并积极推动国民党统治区的人民运动。1948年，随着形势的发展，全面内战进入战略决战期，党中央决定在东北战场开展决战。1948年9月，东北野战军发起了著名的辽沈战役。同年11月2日，解放沈阳和营口，辽沈战役胜利结束。辽沈战役的胜利是中国革命历史上的重要转折点，它使中国人民解放军在数量上超过了国民党军队。沈阳、抚顺、本溪等工矿业城市的解放，不仅为解放战争提供了具有一定工业基础的战略后方保障，还为解放平津和华北创造了有利条件。这些胜利大大缩短了解放战争的进程，并为新中国的诞生奠定了坚实的基础。

辽沈战役纪念馆通过详细展示这一段历史，不仅纪念了辽沈战役的胜利，也教育和激励现代人铭记历史，传承和发扬抗战与解放战争期间的英雄主义精神。这使得纪念馆成为研究和教育后人的重要场所，引导人们深刻理解这一时期的历史教训及其精神价值。

（九）抗美援朝纪念馆

抗美援朝纪念馆位于辽宁省丹东市，是全国唯一一座全面反映抗美援朝战争历史的国家级重大战争纪念馆。该馆自 1958 年始建，1993 年新馆落成，并在 2017 年 7 月完成了一次重要的改扩建工程。这座纪念馆是国家一级博物馆、全国爱国主义教育基地，以及全国百个红色旅游经典景区之一。习近平总书记在纪念中国人民志愿军抗美援朝出国作战 60 周年座谈会上强调，要大力弘扬伟大的抗美援朝精神，为坚持和发展中国特色社会主义提供强大精神动力。

抗美援朝战争是新中国成立初期，在中国共产党的领导下，中国人民为援助朝鲜人民和保卫国家安全所进行的一场反侵略正义战争。1950 年 6 月，朝鲜半岛内战爆发，美国武装干涉并将战火推至中朝边界的鸭绿江。为了保家卫国，1950 年 10 月，中国人民志愿军从辽宁丹东雄赳赳、气昂昂跨过鸭绿江，奔赴朝鲜战场前线。1953 年 7 月，朝鲜战争实现停战，抗美援朝战争历时近三年。由于地理位置特殊，与朝鲜隔江相望的辽宁成为志愿军在前线的重要后方支援基地。辽宁人民掀起了声势浩大的参军热潮，全力支援前线的战勤任务和后方保障工作。辽宁各地大规模为前线募集军需物资，捐粮 356 吨，捐献飞机 72 架。在牺牲的志愿军英烈中，辽宁籍英烈多达 13000 多人，使得辽宁成为抗美援朝战争中牺牲英烈最多的省份。辽宁人民为抗美援朝战争的胜利作出了巨大的贡献。

抗美援朝纪念馆通过详细展示这段历史，不仅纪念了抗美援朝战争的英雄，而且教育和激励了现代人铭记历史，传承和发扬抗战期间的英雄主义精神。这使得纪念馆成为研究和教育后人的重要场所，引导人们深刻理解抗美援朝战争的历史教训及其精神价值。

（十）雷锋纪念馆

雷锋纪念馆位于辽宁省抚顺市，靠近雷锋生前所在部队的驻地，是纪念中国人民解放军战士雷锋的专门场所。该馆始建于1964年，新馆在2002年建成并于2003年对外开放。作为全国爱国主义教育基地和全国首批重点烈士纪念建筑物保护单位，雷锋纪念馆对传承雷锋精神、进行爱国主义教育具有重要意义。雷锋纪念馆主要由雷锋之路、雷锋纪念碑、雷锋事迹陈列馆三部分组成。馆内通过丰富的文字资料、照片、珍贵实物等展示形式，生动、真实地再现了雷锋平凡而伟大的一生，展现了他全心全意为人民服务的崇高品质。

雷锋1954年加入少先队，1960年参军，同年11月加入中国共产党。1962年8月15日，雷锋因公殉职，年仅22岁。1963年3月5日，毛泽东主席为雷锋题词，全国掀起了学习雷锋精神的热潮，并将每年的3月5日定为"学雷锋纪念日"。雷锋精神，特别是他的全心全意为人民服务、无私奉献、钉钉子精神、团结友爱等价值观，一直激励着一代又一代中国人。

多年来，雷锋精神不仅作为一种道德榜样被广泛传颂，而且成为激励中国人民，特别是青少年的强大精神动力。雷锋纪念馆不仅是学习雷锋精神的重要场所，也是进行爱国主义和革命传统教育的教育基地，对于培养新时代的青年具有不可替代的作用。在这里，访客可以更加深切地理解雷锋的生平与事迹，感受雷锋精神的时代价值，并从中汲取为人民服务的力量和灵感，继续将这种精神发扬光大，为建设更加美好的社会贡献自己的力量。

三、四平市红色文旅与乡村振兴融合发展的启示

近年来，四平市积极弘扬红色文化精神，发掘红色文化景点，塑造红色

文化名片，有关红色文旅的相关政策均秉承着突出保护优先，彰显教育功能；坚持实事求是，保持红色底色；坚持突出重点，优化发展布局；加强统筹协调，推进融合发展；推进改革创新，增强发展活力"五大"原则进行编制，坚持走政治、社会效益优先，文化、生态、经济效益并重的科学发展之路。这为我们积极推动红色文化弘扬和乡村文化振兴的深度融合，积极推动东北地区红色文旅资源和东北红色文化精神的共享互为提供了可资借鉴的宝贵经验。

四平与辽宁同为我国规划"红色文旅"第26条线路中的精品路线，以四平市为对标资源，深入挖掘辽宁省自身资源，从塑造"英雄城"文化视角出发，四平与辽宁在英雄人物、英雄事迹、英雄建筑和英雄艺术等多方面发展脉络上极具相似性，并涵盖极高的参考价值。

辽宁省红色文旅与乡村振兴融合发展的主要问题体现在：第一，辽宁省红色旅游品牌项目少，且以传统展陈、观光为主，产业带动力不强。第二，红色文化旅游项目大多是以红色革命文化纪念为主题的纪念馆、展览馆，种类单一。第三，整体业态为传统静态型的红色旅游观光、展览，业态保守陈旧，旅游产业效益不大，缺乏具有产业带动力的新型红色旅游业态。第四，辽宁省尚未开发出吸引力较大的红色旅游产品，缺乏精品，游客数量较少，应对标四平市红色旅游的市场化运作体系，目前我省市场化运作体系尚未健全，旅游资源整合困难。第五，辽宁省内红色旅游资源展示方式单一，表现手段落后，很难对游客产生震撼力和穿透力。

因此，辽宁省应加强省内红色旅游景区间合作，弱化省内各景区间竞争关系，总体应表现为合作大于竞争的关系，组建省域内红色旅游精品路线，稳抓全域性发展。围绕辽宁打造"六地"英雄城品牌形象，坚持以红色文化为主线，挖掘红色资源、传承红色基因、开展红色乡村旅游，以乡村振兴为目的和手段，打破地理界限，深化与历史相似、地缘相近的周边城市的合作，实现各红色文旅景点的互联互通，实现区域间、区域内的红色文旅资源共享、客源互通，促进红色文化旅游发展的科学性、系统性。在不断完善基础设施建设、革命文物保护、红色主题村党建示范的基础上，区分城市红色文旅和乡村红色文旅的特点，保留乡村旅游在乡土性、生态性、文化性、经济性、教育性和参与性等方面的特性，使农村文化与红色文化在发展过程中实现共生关系。

（一）挖掘保护红色基因

辽宁省红色文旅资源极其丰富，资源等级总体较高，但各单位红色资源间与其他类型资源的整合存在不足，综合评价的分值偏低。积极借鉴四平市的发展经验，在对包括抗日战争起始地的抗日精神、解放战争转折地和抗美援朝出征地的抗美援朝精神、雷锋精神发祥地的雷锋精神、新中国国歌素材地的国歌精神、共和国工业奠基地的工业精神等红色文化精神与旅游资源进行完善保护和开发的同时，进一步做好革命文物认定、公布、定级、分区等工作，结合数字经济的抓手作用，积极开展"红色旅游+"项目，加强红色旅游与本地农业、教育、文化、体育等相关行业的融合，催生辽宁红色旅游新业态、新产品。

以"共享互为"为中心，整合各单位红色文旅资源和区域中的其他资源，使之成为有机联系的整体，构建具有市场效益和教育意义的旅游线路，打造辽宁"六地"文化英雄城品牌。结合当地特色农业与民俗文化，充分利用辽宁地貌"六山一水三分田"优势，开展与辽宁农、林、牧、渔相关的农耕体验、艺术写生、非遗体验、垂钓野营、采摘采购、红色讲堂、党建团建等红色文旅项目，发展红色文旅融合创意产业。努力增加相关产业的造血能力，选派优秀党员工作者前往乡村基层，挖掘保护乡村的红色基因，夯实乡村地区红色文化与旅游融合共生发展的基础。同时，进一步加强和完善乡村红色文旅发展规划，将其纳入大力发展文化旅游的整体框架，为地区经济和新农村建设赋能增值。通过共享互为的合作模式，实现资源共享、优势互补，促进乡村红色文旅融合发展的可持续繁荣。

（二）结合乡村共享完善基础设施

打造龙头引领作用，依托辽宁省内各地特色，以共享互为为中心，按照5A级景区的标准完善各地域的基础设施与服务设施。依山建林、依海扩城，充分挖掘省内的可用资源，致力于将其打造成辽宁省乃至全国的国家纪念地，成为体现辽宁"英雄城"精神的高地。在推动乡村红色文旅资源发展方面，依托红色文旅景区的辐射带动作用，促进景区景点周边或所在乡村发展以主题民宿、休闲农庄和民俗体验为重点的红色乡村旅游产品。同时，加快重点乡村城镇建设，改善乡镇之间的交通条件，实现似锦州市"连成线、展成面"的发展模式，促进文化与旅游的融合，为乡村振兴战略助力。

对标四平市红色乡村文化的振兴工作，辽宁省应完善城市周边乡村的基础设施和配套服务。将红色旅游集散服务融入全省网络化旅游集散体系中，结合红色旅游发展重点和交通条件，将全省红色旅游集散体系划分为两个等级。一级集散地以沈阳现代化都市圈文化优势为核心，辐射鞍山、抚顺、本溪、阜新、辽阳、铁岭、沈抚示范区，发展方向包括红色旅游交通枢纽与集散服务中心、信息服务中心和休闲服务中心。二级集散地包括重点红色旅游景区、景点和乡村旅游点，以环渤海、黄海沿海文化优势为核心，涵盖大连、丹东、锦州、营口、盘锦和葫芦岛。同时，以辽东鸭绿江边境文化优势为中心，包括丹东和本溪；以辽西走廊文化优势为核心，包含阜新、朝阳和葫芦岛等地，并设置游客中心或咨询服务中心，构建接待、餐饮和购物等服务体系。在跨市联合规划红色文旅体验方面，打造具有辽宁地域特色的"吃、住、行、学、悟"一体化文旅之行。

通过完善基础设施和服务体系，可以促进各地之间的互联互通，实现资源共享，为游客提供更好的旅游体验，同时，推动辽宁省的红色文旅事业发展，展示辽宁独特的历史和文化魅力。

（三）打造综合经济红色文旅平台

第一，完善资产平台化战略，将红色资源、红色文化与功能集聚相结合，发挥市场力量，探索市场化的新路径。面对主要挑战，辽宁省正转变从单个红色景区开发到旅游目的地综合开发，推动门票经济向综合经济的转型升级。在严守生态红线的前提下，促进资源的有效整合，实现红色旅游资源之间的高度衔接，通过创新红色旅游发展，规划更具吸引力的新型红色旅游产品和旅游路线，吸引更多年轻群体，成为辽宁省提升的主要方向。同时，加强区域间的联动，可以实现串联式的发展。

第二，充分利用如网络、电视和广播等传统媒体进行宣传，打造辽宁红色旅游的品牌形象。通过在百度、搜狗、360等常用搜索引擎上进行关键词推广，以及利用流行的网络短视频平台如抖音、快手等新媒体，推广旅游地信息，提升市场能见度。以拍摄短视频的方式，推销辽宁红色文化故事，提高知名度。着重打造英雄城主题形象，让游客认识到辽宁是一个宜教、宜游、宜闲的旅游目的地，刺激客源市场的旅游需求。通过举办连续性大型活动，持续提升相关红色文化品牌的知名度和生命力。例如，以纪念解放战争为主题的艺术展陈和文学创作大赛、以老工业基地复兴为旗帜的文创产品设计大赛和综合性设计大赛、以各地文化区块为划分的红色文创展览等。

第三，打造具有艺术文化号召力和影响力的品牌，将红色旅游资源开发与乡村振兴有机结合，大力发展乡村红色旅游。辽宁广阔的农村地区和城乡结合地区将得到合理开发和打造，成为集红色文化、非遗文化、古迹文化、工业文化、科技文化、演绎文化、海洋文化、生态文化、农耕文化、民俗文化、田园风光、旅游养生等特色于一体的红色文旅城市及红色旅游示范村。发展红色乡村打卡地，从辽宁多个口袋公园的发展模式中创建多个红色文旅乡村，加强链条传承性和联动性，推动乡村旅游新业态的发展，带动乡村旅游产业快速发展。

共享互为理念的引入将为辽宁红色旅游开辟新的前景，激发各方合作潜力，实现互利共赢的目标。通过共同努力，辽宁省将成为红色旅游的璀璨明珠，吸引更多游客前来体验红色文化的魅力。

（四）培养红色基因传递者

为了培养红色基因传递着，辽宁省系统编写了《辽宁红色旅游景区导游词汇编》并付样出版；开展了"红色旅游五好讲解员"建设行动，全面提升了红色旅游讲解员能力素质；开发智能化红色旅游解说系统，实现数字自助导游；成立辽宁省红色旅游解说志愿者非营利性组织；参与展览布展、协助做好文物档案整理；开展红色文化知识普及等活动。同时，辽宁省还探索建立红色旅游讲解志愿者政府津贴制度，计划在各重点红色旅游项目内设置新时代讲习所；建立省内红色教员专家库，由党史专家、理论学者、专业技术骨干、革命老兵、乡土人才、革命后代等人员组成，他们将"讲"与"习"相结合，通过专题教学、现场教学等模式，打造具有省内特色的讲习内容，挖掘红色精神内涵，讲好红色革命故事。

全国红色旅游人次与收入逐年增长，红色旅游市场呈现出需求持续升温的趋势，年轻客群出游比例持续上升，辽宁省可从根源抓起，创新引进"政府＋高校＋乡村"的合作共建模式，创建高效发展渠道。由政府主导成立专门的红色文化研究机构和对应的下属落实部门，集中党政机关、高等院校、文博机构培养红色基因传递人才，以红色文旅观光、教育为主要市场，以青少年国际研学为主要目标市场，为年轻群体打造同龄层客群服务与文旅体验。在高校科研力量与乡村振兴需求结合发展的基础上,积极进行乡村红色文化科普,提高乡村尤其是红色文旅景区内的文化素养,吸纳乡村红色文化故事,由团队打造故事文化品牌。组织青少年去到"九·一八"历史博物馆、抗美援朝纪念馆、辽沈战役纪念馆、工人文化街等地学习相关历史、参观展品、临摹创作、体验非遗、感悟红色精神。

(五)建立城市形象专属、打造红色文旅品牌

第一,推动红色地标化战略,建设辽宁最具代表性的红色文化地标。辽宁省充分利用各地优势,展现以沈阳现代化都市圈文化、环渤海黄海文化、辽东鸭绿江边境文化、辽西走廊文化为路线的文旅品牌。同时,加强"各地区协同的红色文旅高质量发展示范区"和"国内一流的红色文化旅游圣地"红色文旅品牌形象的宣传,建立起政府主导目的地品牌建设与营销的纵向一体化营销体系,提升辽宁省红色文旅市场形象,打造深入人心的本地品牌。

第二,充分利用报纸、广播、电视等传统媒体,以及"两微一端"、抖音、快手等新媒体,通过新闻发布、战史陈述、英雄人物、红色故事、解读阐释等方式,多角度、深层次、立体化宣传辽宁的红色革命历史。在数字辽宁的基础上梳理辽宁地区的红色历史文化,提高红色文旅景点的吸引力,提高游客的获得感和体验感。例如,辽宁地区的历史纪念馆和乡村文旅景点可以根据需要创建官方微信公众号、官方小红书账号等,以文字和短视频的方式向游客介绍红色文旅景点的历史渊源、景区布局、周边环境、基础设施等。增强线上线下互动性、加强辽宁红色文创产品的创新能力,塑造红色文旅品牌,在坚持市场化导向和区域特色优先的基础上,切实了解游客的需求及价格预期,在景区规划打造红色文化、非遗文化、产业文化等周边文创产品的开发、历史场景再现体验等方面做到别具一格,避免重复建设和无效开发,使口碑和效益获得双重提升。

（六）促进红色文旅业可持续发展营销

在辽宁省红色旅游发展中，坚持秉持"三步并作一步走"的总体发展思路，以全面实施为目标，将红色经典景区、干部教育学院和红色文化高地三个发展阶段有机地融合在一起。在"四个自信"的框架下，充分发挥红色文化高质量发展区域的精神动力，即红色文化高地。以乡村红色文化资源为基础，深挖乡村红色文化内涵和价值，结合乡村特色农业，创新空间一体化战略。通过馆城一体、全省协同、一路贯通的综合推动，实现红色旅游的高质量发展。同时，推动红色文化与旅游创意深度结合，讲好英雄故事，打造优质产品。

为实现共享互为，辽宁省采用主题营销、联合营销、人物营销、事件营销和融合营销等五大营销策略，形成上下结合、横向联动、多方参与的全域旅游营销格局。重点关注红色培训与研学市场，加强青少年研学教育营销以及干部团体的党建培训营销。同时，拓展乡村旅游与生态旅游的营销，将农业、农村、农民相关的日常活动融入红色文旅体验，举办红色文旅产品展览会、红色旅游文化节、红色旅游高峰研讨会等大型主题活动，深化了辽宁红色文旅品牌形象。因为与各城市重点红色旅游景区共享各类资源，联合推广共同服务，在减少省内竞争、降低成本的同时也实现了产业联动。另外，辽宁省还推广拍摄了辽宁"英雄城"电视剧、电影、动漫等影视作品，编排"英雄城"话剧、舞台剧、实景演艺剧等，出版辽宁"英雄城"书籍，并让全民积极参与其中。

（七）推动红色文旅融合共享化，加强数字化、智慧化服务体系建构

在推动辽宁地域乡村红色文旅融合发展中，共享互为成为关键。共享互为的理念强调通过数字化、智能化手段实现数据和资源的共享，促进各行业

之间的协同合作，以提升红色文旅的整体效能和竞争力。

  为此，应加强推动辽宁省内数字化、智慧化文旅大数据平台在红色文旅产业中的应用。通过完善红色文旅与即时气象、通信网络、交通运输、公共安全等部门和行业之间的数据共享链条，实现红色文旅管理信息化、统计科学化、宣传网络化、服务便捷化的目标。其中，将数字化景区建设与国家级红色文旅景点景区的对接是一项重要任务。通过拓宽大数据信息构建，完善数字化文旅应用，进一步提升红色文旅的数字化水平。同时，推动红色文旅区域范围内免费 Wi-Fi、数字化导游、区域体感讲解、公共信息推送等数字化、智能化文旅服务功能的实施，也将提升游客的体验感和便利性。为实现这一目标，辽宁省需要在短期内推动旅游管理和公共服务的基本数字化应用，建立红色文旅电子政务、电子商务系统，构建包含旅游政务、景区景点、交通通信、宾馆饭店、旅行社管理等动态数据库，实现资源共享和信息互联。通过逐步建成阶段性的数字化、智能化辽宁省红色文旅，可以为辽宁地域打造数字化辽宁"红色文旅+"模式奠定基础。通过加强数字化、智能化应用，实现数据共享和信息互通，提升红色文旅的管理水平、服务质量和市场竞争力，实现共享互为，也可以更好地整合各方资源，推动辽宁地域乡村红色文旅融合发展迈上新的台阶。

第二节 辽宁"六地"红色文旅的成功实践

辽宁"六地"红色文旅的成功实践，根植于这些地区深厚的红色文化内涵。红色文化不仅是辽宁"六地"历史的重要组成部分，也是其文旅成功的核心基石。这种文化的特点，如革命历史的丰富性、英雄人物的众多性以及抗战胜利的象征性，为红色文旅提供了独特的内容和形式。辽宁"六地"红色文旅的成功实践也离不开辽宁所受多重历史时期的影响，包括抗日战争期间的重要战役和解放战争的关键转折，这些都是红色文旅吸引力的来源。资源的形成和保存，得益于地理位置、历史事件以及地方人民的传承努力。这些红色文化资源的作用不仅在于提升地区的文化认同感，还有效地促进了旅游业的发展和地方经济的繁荣。通过展示这些地区在中国革命史上的重要角色，红色文旅成功吸引了大量国内外游客，提升了地区的知名度和影响力。

政府的支持和引导对辽宁"六地"红色文旅的成功也至关重要。政府不仅提供资金支持和政策便利，还在推广和保护红色文化资源方面发挥了关键作用。通过建立博物馆、纪念馆，举办纪念活动和主题教育，政府帮助将这些文化资源转化为旅游产品，增强了其教育和传承价值。因此，辽宁"六地"红色文旅的成功实践离不开丰富的红色文化资源、独特的历史内涵、政府的有力支持以及广泛的社会参与，这些因素共同塑造了辽宁红色文旅的独特魅力和深远影响。

一、辽宁"六地"城市精神

辽宁红色"六地"分别是沈阳、抚顺、鞍山、本溪、丹东和营口这六个城市。这些城市在中国近现代史上具有重要的地位，是辽宁乃至全国的红色革命根据地。

（一）沈阳

沈阳作为辽宁的省会，红色文旅精神主要体现为抗争与坚韧。沈阳历史上的九一八事变不仅是抗日战争的导火索，也是中国现代史上的重要转折点。该市通过各种纪念设施和教育活动，加深了公众对历史的认知和纪念，培养了民众的民族自豪感和历史责任感。沈阳的精神是对历史的深刻记忆与敬重，同时也展现了城市与人民面对苦难时的不屈不挠。

（二）抚顺

抚顺的红色文旅精神体现为正义与和平。这里的抚顺战犯管理所旧址陈列馆（原抚顺战犯管理所）不仅是抗战胜利的象征，更是展示战后和平与正义的场所。该馆通过翔实的展示和教育活动，传达了对和平的珍视与对历史正义的追求。抚顺的精神是对抗争历史的尊重和对未来和平的期待。

（三）鞍山

鞍山的红色文旅精神以坚持和牺牲为核心。鞍山烈士陵园等地标性纪念地，让人们不仅缅怀在抗日战争中牺牲的英雄，也反思和学习他们为国家自由和民族独立所付出的巨大代价。鞍山的精神强调历史的教训与未来的责任，激励人们珍惜和平成果，继续前行。

（四）本溪

本溪的红色文旅精神是勇气与自强。本溪抗日遗址群等地通过展现当地人民在战争中的英勇斗争，展示了面对困难时的勇气和自强不息的精神。本溪的精神是对抗日战争中普通人英雄行为的致敬，也是对现代人在面对困难时应有的坚韧与自强的启示。

（五）丹东

丹东的红色文旅精神突出了团结与牺牲。鸭绿江断桥和中朝友谊塔不仅是中朝两国人民在抗日战争中团结协作的象征，也是展现牺牲精神和抗战胜利成果的重要地标。丹东的精神是对中朝两国历史友谊的纪念，也是对共同抗战的团结精神的弘扬。

（六）营口

营口的红色文旅精神体现为忠诚与奉献。作为重要的港口城市，营口在抗日战争中扮演了重要的后勤补给角色，展现了城市和人民对战争胜利的巨大贡献。营口的红色文旅精神是对抗战时期人民忠诚和奉献的记忆，鼓励现代人继承和发扬这种精神。

二、辽宁"六地"红色文化的内涵

辽宁"六地"红色文化从1923年中国共产党在辽宁地区建立党组织开始，延续至今。这一红色文化集中体现为辽宁的红色文化、红色故事和红色精神等资源，具有深刻的精神内涵。其根基在于辽宁的抗战精神、劳模精神、抗美援朝精神和雷锋精神，这些伟大精神被第一批纳入中国共产党精神谱系。"六地"红色文化的丰富内涵和时代价值，传承了红色基因，赓续了精神血脉。

辽宁"六地"红色文化的提出是按照时间顺序展开的，展现了从抗日战争、解放战争到新中国成立后形成的红色精神，是辽宁精神风貌的具体展现。在新时代，这些精神焕发出勃勃生机，孕育着磅礴向上的力量。

（一）抗日战争起始地

全国抗战在辽宁迈出了艰难的第一步，始于1931年的九一八事变。这场事变不仅是全国抗日战争的开端，也标志着辽宁人民开始了长达14年的艰苦卓绝的抗日斗争。在这一历史阶段，东北抗日联军精神成为辽宁红色文化的重要组成部分，这一精神主要体现在杨靖宇、赵一曼、赵尚志等抗日英雄的不屈不挠和英勇斗争上。为了纪念在抗日战争中牺牲的英雄们，辽宁省专门建立了多个纪念场馆，如"九·一八"历史博物馆和抗日义勇军纪念馆。这些纪念场馆不仅记录了抗日战争的历史，还通过展览、教育活动等方式，让后世人民永远记住这些英雄的功绩和他们为民族独立所做的牺牲。

这些纪念馆展示了丰富的历史文物和资料，通过详细的展览内容和多媒体互动，让参观者可以更加深刻地了解那段历史和抗日英雄的事迹。这些场馆不仅是历史教育的重要场所，也是传承和弘扬红色文化的重要平台。它们激励人们铭记历史、不忘初心，为实现中华民族伟大复兴而努力奋斗。通过对这些纪念馆的参观和学习，每一位访客都能更深刻地感受到抗日战争时期人民的不屈不挠和伟大牺牲，进一步理解和传承抗日英雄的崇高精神和价值观，为建设更加繁荣和强大的国家贡献自己的力量。

(二)解放战争转折地

解放战争中的辽沈战役是在辽宁大地上打响的,成为解放战争中的决定性战役之一。这场战役不仅是军事上的转折点,也是中国历史上的重要时刻,它标志着中国人民解放军在数量和战略上取得了对国民党军队的全面优势,为后续的淮海战役和平津战役奠定了坚实的基础。

在辽沈战役中,锦州地区涌现出了梁士英、马云飞等英雄,他们的英勇事迹成为当地广为传颂的佳话。辽沈战役精神在这里生根、成长、薪火相传,成为辽宁"六地"红色文化的重要组成部分。这种精神主要表现为东北人民的不屈不挠、不怕牺牲、誓死捍卫祖国的决心和勇气。辽沈战役迅速解放了东北全境,为城市攻坚战积累了宝贵经验,也使人民解放军信心倍增。在这场战役中,塔山阻击战尤为显著,它是辽沈战役中规模最大、时间最长、最为残酷的一次阵地防御战。国民党军队和人民解放军在塔山展开了激烈的战斗,众多英雄在这里牺牲,成为永远的记忆。

为了纪念这些英雄和塔山阻击战,创建了塔山阻击战纪念馆,并形成了塔山精神,这一精神成为辽宁地区人民坚持抗战到底的精神象征。同时,辽沈战役纪念馆和营口的解放战争纪念馆也成为纪念这一历史时期的重要场所,供后人参观和学习。这些纪念馆和塔山阻击战纪念馆通过展示大量的历史文物、照片、文献和互动展览,让参观者更加深刻地理解辽沈战役的历史意义、战斗过程和抗战英雄的伟大事迹。这些纪念馆不仅是历史教育的重要场所,也是传承和弘扬红色文化、塔山精神和辽沈战役精神的重要平台。这些活动激励着人们铭记历史、不忘初心,为实现中华民族伟大复兴而努力奋斗。这是对历史最好的纪念,也是对未来最好的期待。

(三)新中国国歌素材地

东北抗日义勇军为新中国国歌《义勇军进行曲》的创作提供了关键的灵感和素材,使得辽宁有幸被誉为新中国国歌的素材地。当年,国歌的作者田汉和聂耳为了更好地捕捉和表达抗日战争的情感与氛围,亲自来到辽宁,深入到东北抗日义勇军的队伍中。

田汉和聂耳不仅与东北抗日义勇军进行了深入的交流和沟通,而且亲自前往战争前线,直接感受战争的残酷和士兵们的英勇。这种真实的体验使得他们能够更加真切地把握和表达抗战士兵的英雄主义情怀。当时,义勇军内部流传着许多版本的军歌,其中《告武装同志书》的誓词与后来的国歌《义勇军进行曲》具有很高的相似性。这些直接的体验和观察为田汉和聂耳提供了丰富的创作素材,激发了他们的创作灵感,最终成功创作了《义勇军进行曲》。这首歌曲后来被选为中华人民共和国的国歌,成为激励了无数中国人的革命歌曲。

为了纪念这段历史和展示这一文化遗产,辽宁本溪市专门建立了东北抗日义勇军纪念馆。这个纪念馆内展示了大量与新中国国歌创作相关的素材和文物,使参观者能够更生动、形象地感受到国歌创作的过程和其中蕴含的深厚爱国情感。

(四)抗美援朝出征地

辽宁在抗美援朝战争中发挥了至关重要的作用,作为出征地,它是中国人民志愿军的重要后方保障基地。中朝两国在地理和战略上唇齿相依,当美国对朝鲜发动全面战争时,这场冲突不仅针对朝鲜,也直接威胁到中国的领土安全。

1950年朝鲜战争爆发,美军不仅在朝鲜半岛南北进行了激烈的攻势,还轰炸了辽宁的丹东，使得中国的领土安全受到直接威胁。美军的进犯行动和战舰进入台湾海峡的挑衅行为，迫使中国政府和军队作出了支援朝鲜、抗击美国侵略者的决定。在这场战争中，中国人民志愿军面对环境恶劣、物资匮乏和补给中断的困难，展现出了极大的勇气和坚韧，用自己年轻的生命捍卫了和平。辽宁的贡献在于不仅派出大量人员参与志愿军，而且在后方积极开展生产工作，为前线提供了大量的物资支援。辽宁人民通过捐粮捐款、运送物资、救助伤员等方式，全力保障了战争的顺利进行，为战争的胜利作出了巨大的贡献。

为了纪念抗美援朝战争的胜利及辽宁人民的杰出贡献，辽宁省丹东市专门建立了抗美援朝纪念馆、抗美援朝下河口公路断桥遗址、上河口铁路桥遗址等重要的红色文化基地。这些纪念设施不仅提醒后人铭记战争中牺牲的革命烈士，还让人们能够直观地感受抗美援朝的真实场景，深刻理解和传承在战争中形成的抗美援朝精神。

（五）共和国工业奠基地

辽宁被誉为共和国工业奠基地，这一称号缘于它在中国工业化历程中的独特地位和重要作用。毛泽东同志曾经指出，东北，特别是辽宁，"是全国工业化的出发点"。这一评价凸显了辽宁在中国现代工业发展中的领先地位。

辽宁的工业基础得益于抗日战争时期留下的基础设施，这些基础设施在战后成为新中国工业化的重要起点。辽宁的地理位置和资源条件使其在战后迅速成为中国最先进的工业地区之一。由于这一时期的发展，辽宁的工业版图不断扩大，其工业产值和分量在新中国成立初期一度占据全国之首。在新中国工业史上，辽宁创造了1000多个"第一"，涵盖了钢铁、化工、机械、船舶、汽车等多个重要行业和领域。这些"第一"不仅体现了辽宁的工业实力，也展示了这个地区在国家工业化和现代化进程中的突出贡献。

辽宁的"长子精神"代表着辽宁人民在国家工业化和现代化进程中展现出的敢为人先、不畏艰难的精神风貌。这种精神源自辽宁在中国工业发展中的历史地位和角色,表现为在面对挑战和困难时敢于担当、勇于创新的态度。在新时代,面对老工业基地的振兴挑战,辽宁人民继续展现出这种不屈不挠的精神。通过积极探索和创新,辽宁正在努力重振其工业基地的辉煌,为国家的健康发展作出更大的贡献。这包括推动产业结构的优化升级,加强技术创新和研发,以及注重生态保护和可持续发展,确保经济的高质量发展。

(六)雷锋精神发祥地

被誉为雷锋精神发祥地是因为雷锋一生中最闪亮的时光在辽宁度过。辽宁被誉为雷锋的第二故乡,在雷锋生活在辽宁的近四年时间里,他的思想发生了根本转变,从刚来到辽宁时的报恩思想,逐渐转变为承担起工人阶级先锋队的责任与担当。

在那段激情燃烧的岁月里,雷锋在辽宁的四座城市中留下了深深的足迹,他发扬锐意进取的精神,刻苦钻研,认真学习各种先进技术,同时,始终保持勤俭节约、艰苦奋斗的精神。这些城市都建立了雷锋纪念馆,有效地传承和弘扬雷锋精神。这些纪念馆不仅展示了雷锋的生平事迹和他在辽宁的活动轨迹,也通过各种形式的教育活动,让雷锋精神深入人心。

雷锋精神将中华优秀传统文化和革命红色文化融合在一起,是永垂不朽的。雷锋精神不仅体现了全心全意为人民服务、无私奉献的高尚品质,还体现了坚定的理想信念和崇高的精神追求。我们必须不断发扬雷锋精神,将其与弘扬社会主义核心价值观、开展革命传统教育和爱国主义教育相结合。雷锋精神也是党的建设的宝贵资源。在新时代,雷锋精神不仅是个人道德修养的楷模,更是整个社会共同追求的价值观。通过学习和实践雷锋精神,我们可以更好地推动社会主义核心价值观的落实,增强社会的凝聚力和向心力,激发人们为实现中华民族伟大复兴而奋斗的热情和动力。

三、辽宁"六地"红色文化的特点

（一）辽宁"六地"红色文化具有地域属性

辽宁"六地"红色文化植根于辽宁省，是辽宁人民创造的独特革命文化，既是当地文化的归属，也是全国人民认可的文化象征，具有中国特色。辽宁"六地"红色文化见证了辽宁省百年变迁和人民的奋斗史，既蕴含了过去的精神体现，也代表着现在，更预示着未来，是辽宁人民心中的精神支柱。辽宁既是革命老区也是工业老区，是最早反抗外来侵略的地方，具有强烈的斗争精神。"六地"红色文化既体现为革命旧址等物质文化，也包含红色思想和精神文化。经过不断发展，辽宁人民将这些精神深刻地印在心里，并在现实生活中体现出来。在新时代辽宁"六地"红色文化的熏陶下，辽宁人民不忘初心、牢记使命，发扬红色文化，成为其宣传者和践行者，担负起振兴辽宁的使命。他们通过各种形式的文化活动、教育项目和社会实践，持续传承和弘扬红色精神，积极推动辽宁经济和社会的全面发展。

（二）辽宁"六地"红色文化具有独特的精神属性

辽宁"六地"红色文化是中国共产党在革命和建设年代保留下来的宝贵成果，蕴含着党的政治思想和家国情怀，体现了党坚定的革命理想信念和人无畏的英雄气概。这种红色文化代表了党和人民在革命事业中甘于奉献和勇于牺牲的精神，其传承和发展一直引领我们与时俱进、锐意进取。在外敌入侵的危急关头，辽宁人民肩负起对国家和民族的责任，展现了对党无限忠诚和对人民无限热爱的精神。作为抗战文化的先行者，辽宁人民通过艰难曲折的道路，积累了宝贵的经验，体现了坚韧不拔和勇于探索的精神。这种红色文化不仅在历史上发挥了重要作用，在新时代也焕发出了新的活力。辽宁人民在红色文化的熏陶下，继续发扬红色精神，积极推动经济和社会发展。通过各种形式的文化活动、教育项目和社会实践，辽宁人民将红色文化传承和发扬，为实现中华民族伟大复兴的中国梦贡献力量。

（三）辽宁"六地"红色文化数量丰富

辽宁"六地"红色文化形式多样，拥有丰富的革命文物资源。据统计，辽宁省现有600余处不可移动革命文物和10818件（套）可移动革命文物。其中，国家级重点文物保护单位10处，省级文物保护单位33处，市县级文物保护单位300处。这些不可移动的革命文物包括革命旧址、办公楼和堡垒等；可移动革命文物则包括革命战争期间革命人士使用的物品等。

辽宁"六地"红色文化不仅展示了辽宁人民在革命年代的英勇斗争历史，也体现了党和人民的坚定信仰和不屈不挠的革命精神。这些文物通过各种形式保存和展示，使得红色文化的教育和传承更加生动和立体。例如，革命旧址和办公楼展示了革命活动的实际场景，而革命人士用过的物品则为人们提供了真实的历史触感，帮助参观者更好地理解和感受那段历史。这些丰富的革命文物资源为辽宁的红色文化提供了坚实的基础，成为红色文化教育的重要载体。通过对这些文物的保护和利用，辽宁省不仅加强了对革命历史的纪念和教育，也进一步激发了人民的爱国热情和奋斗精神。

（四）辽宁"六地"红色文化分布广博

辽宁"六地"红色文化传承时间久远，根基深厚。辽宁省与黑龙江省毗邻俄罗斯，是马克思主义从苏联传入中国的首个到达地区之一，进而深刻影响了辽宁省的红色文化发展。辽宁人民在长达14年的卫国抗战结束后，又积极投身于解放全中国的"三大战役"中。新中国成立后，辽宁省发挥出其工业区的巨大能量，为新中国的工业化奠定了基础。在革命斗争中，辽宁省涌现了丰富的红色文化资源，这些资源至今保留并传承下来，对辽宁乃至全国人民产生了深远的影响。这些沉淀下来的红色文化资源以及红色精神，既是历史的见证，也是当代教育的重要载体。它们不仅展示了辽宁人民在革命年代的英勇斗争和巨大牺牲，也体现了不屈不挠、敢于斗争、勇于胜利的精神风貌。辽宁的红色文化资源包括众多革命遗址和纪念场馆，如"九·一八"历史博物馆、抗日义勇军纪念馆等，这些场馆通过丰富的文物展示和生动的历史再现，使得参观者能够深刻感受那段艰苦卓绝的历史。辽宁"六地"红色文化的广博分布和丰富内涵，使其成为传承革命历史、弘扬革命精神的重要载体，激励着一代又一代中国人民为实现中华民族伟大复兴的中国梦而不懈奋斗。

（五）辽宁"六地"红色文化也具有教育价值

辽宁"六地"红色文化具有深刻的教育意义，特别是对新一代大学生的思想品德培养和社会主义核心价值观的确立和践行有着重要影响。中国共产党在伟大历史进程中创建的红色文化，是大学生思想政治教育的重要资源。

以雷锋精神为例，雷锋同志作为光荣的革命战士，与他的第二故乡抚顺和辽沈大地结下了深厚的缘分。雷锋的很多事迹都发生在我们身边，他不仅在中国家喻户晓，更成为世界精神偶像，受到了广泛学习和推崇，影响深远。雷锋精神强调无私奉献、助人为乐、艰苦奋斗、积极进取等优良品质，这些品质对于大学生树立正确的人生观和价值观具有重要指导意义。通过雷锋精神的学习和实践，大学生可以深刻体会到为人民服务的崇高理想，并在日常生活中践行这种精神。例如，在各高校，雷锋精神已经成为学生志愿服务活动的重要内容，学生们通过参加各类志愿活动，帮助他人，服务社会，培养了无私奉献的精神和团队协作的能力。

此外，辽宁"六地"红色文化中蕴含的革命精神、爱国主义精神和集体主义精神，对于大学生的思想品德修养具有重要的教育价值。通过参观红色遗址、参加红色教育活动，大学生们可以更加深入地了解党的历史和革命传统，增强历史责任感和使命感，从而激励他们在新时代积极进取、开拓创新，为实现中华民族伟大复兴贡献力量。辽宁"六地"红色文化不仅是历史的见证，也是当代教育的重要资源。通过多种形式的红色教育活动，辽宁的红色文化不仅能深入人心，还能在全国范围内产生积极影响，成为社会主义核心价值观教育的重要载体。

四、辽宁"六地"红色文化资源的形成

辽宁"六地"红色文化资源的形成是一个长期的过程，辽宁拥有悠久而丰富的红色历史文化。在东北地区的发展历史和革命斗争中，辽宁长期处于重要地位，留下了贯穿革命、建设、改革和复兴全过程的红色文化资源。

在1921—1924年的中国共产党初创阶段，基层组织建设迫切而艰巨，刘少奇同志组织领导了中共沟帮子铁路党支部，在东北的革命斗争中起到了燎原之火的作用，现已在活动原址建起纪念馆。1924—1927年，北伐战争时期，当时的大连福纺纱厂在中共大连地委的领导下，因反抗日本帝国主义的压迫爆发了"四二七"大罢工，这一时期辽宁红色文化资源主要分布在大连中华工学会旧址。1931年9月18日，九一八事变成为日本帝国主义全面侵华的开端。1937—1945年的八年抗日战争时期，辽宁的红色文化资源主要分布在中共满洲省委旧址、"九·一八"历史博物馆、皇姑屯事件历史博物馆、辽西抗日义勇军事迹展示馆、抚顺平顶山惨案纪念馆、东北抗日联军会议旧址、沈阳二战盟军战俘营旧址陈列馆和抚顺战犯管理所旧址陈列馆，并形成了抗战精神。1945—1949年的解放战争时期，国共两党争夺东北，辽沈战役

结束后，共产党解放了辽宁全省。新中国成立后，辽宁人民率先投入抗美援朝，大力发展基础工业，努力支援前线。毛岸英纪念馆、雷锋纪念馆、大连英雄纪念公园、中国工业博物馆、沈阳审判日本战犯法庭旧址陈列馆、鸭绿江断桥、丹东抗美援朝纪念馆和抗美援朝烈士陵园等，形成了抗美援朝精神、雷锋精神、劳模精神和共和国工业奠基地的长子情怀，成为辽宁红色文化资源的重要组成部分。

改革开放至今，辽宁涌现了许多先进模范人物，如多次无偿献血并捐物捐钱的"当代活雷锋"郭明义，以及带领村民致富、践行党员初心使命的毛丰美。无论是过去、现在还是未来，辽宁人民始终保持着创新精神，继承和发扬红色精神，担负起中华民族伟大复兴的重任。

五、辽宁"六地"红色文化资源的作用

辽宁"六地"红色文化资源丰富，对辽宁以及整个社会的发展具有重要作用，其重要作用主要体现在以下几个方面。

（一）有利于传承红色基因和弘扬红色文化

辽宁"六地"红色文化是辽宁先人奋斗的结果，自进入新时代以来，习近平多次强调红色文化的重要性。辽宁拥有众多红色文化资源，这些资源生动地展示了英雄人物和历史事迹，使其被更多的人所熟知。辽宁"六地"红色文化见证了辽宁百年来的变化和发展，这些宝贵的资源在新时代应发挥更大的价值。这些红色文化资源不仅记录了历史，更承载了红色基因和革命精神。通过充分利用这些资源，我们可以在学习过程中注重精神的传承，滋养心灵。这种传承不仅有助于增强民族自豪感和历史责任感，还能激励人们继承和发扬革命先烈的优良传统和伟大精神。在新时代，我们应充分发挥这些

红色资源的作用，通过多种形式的红色教育活动，如红色主题展览、红色故事讲述、红色文化节等，使红色文化深入人心。

（二）有利于促进辽宁深厚文化底蕴和精神特质的展现

辽宁的红色文化代表着辽宁人民的认同感，集中体现在六个地方。这些与之相关的事迹、场所和精神，展现了辽宁独特的文化底蕴和精神品质。在革命战争年代，这些精神一直激励和鼓舞着人民奋勇前进。即使在今天全面建成社会主义现代化强国的过程中，这些精神依旧发挥着重要的引领作用。习近平总书记在考察辽沈战役纪念馆时指出，辽沈战役的胜利和东北的解放，东北人民付出了巨大牺牲，对新中国建设和抗美援朝战争的胜利也作出了巨大贡献。辽宁的雷锋精神、抗美援朝精神等广为人知，是共产党精神的典型代表，在当今展现出重要的时代价值。在社会，尤其是高校中，应将这些精神融入人们的学习、工作和生活中，全面践行这些精神，为辽宁的发展和国家的复兴作出贡献。因此，我们要发挥辽宁精神与辽宁自身发展的相辅相成作用，将两者融合，用这些精神宣传辽宁，并在辽宁大力弘扬这些精神。

（三）有利于讲好辽宁的红色故事，凝聚振兴辽宁的力量

辽宁"六地"红色文化资源极其丰富，这些资源生动展现了历史事迹，使辽宁的红色文化更加鲜活，展示了辽宁的红色故事和精神，并转化为人民奋斗的动力。开发辽宁的红色资源不仅促进了经济发展，还构建了独特的红色文化圈，实现了经济与文化的共同发展，推动辽宁的重新振兴。此外，这有助于坚定文化自信，对辽宁乃至整个中国的发展具有重要意义。这些优秀文化资源是中华民族的宝贵财富，尽管形成于过去，但在新时代依然熠熠生辉，成为辽宁人民的精神支柱，汇聚成振兴辽宁的强大力量。

六、辽宁政府的支持和引导

伴随着近年来的"红色文化与旅游热",辽宁省越来越重视红色资源的开发与利用,建立了多处红色教育基地,逐步打造出红色产业品牌,取得了显著成绩。地方政府高度重视红色精神的传承,将其融入乡风文明建设和基层党组织建设中,开展了许多以学习党史、弘扬新风为主题的文化活动。

2022年,辽宁省确定了抗日战争起始地、解放战争转折地、新中国国歌素材地、抗美援朝出征地、共和国工业奠基地、雷锋精神发祥地"六地"红色旅游地标。目前,"六地"已经成为辽宁省最具特色的红色旅游主题。依托沈阳市"九·一八"历史博物馆、锦州市辽沈战役纪念馆、本溪市东北抗日义勇军纪念馆、丹东市鸭绿江断桥、沈阳市中国工业博物馆、抚顺市雷锋纪念馆等优质红色旅游资源,辽宁省大力构建了一批"六地"标志性红色旅游景区,重点推进各城市标志性红色旅游景区的陈列提升工程。

(一)建设红色旅游城市功能区

建设红色旅游城市功能区是辽宁省打造"六地"红色旅游地标的重要内容。辽宁省围绕沈阳市"九·一八"历史博物馆、抚顺市雷锋纪念馆、丹东市抗美援朝纪念馆等,做好红色史迹与周边区域的整体规划开发,对闲置文物及历史建筑进行项目策划,将红色革命遗址保护与城市更新改造相结合,鼓励利用周边共有物业资源建设文创空间。

(二)加强历史文化街区改造

辽宁省围绕各城市重点核心红色旅游景区,加强历史文化街区改造,加强红色主题策划,促进红色文化与商贸、旅游、休闲深度融合,建设一批红色主题风貌特色街区、商店、餐厅等，可以通过特色化经营，带动人流、物流、资金流集聚。

（三）打造红色主题公园

辽宁省可以推进打造志愿军烈士陵园、志愿军文化公园、东北义勇军抗战主题公园等一批红色主题公园，复原抗日战争、解放战争、抗美援朝战争3个战争遗址公园，提升游客参与度和体验感。

（四）策划红色游径和小路

辽宁省可以结合抚顺市三块石森林公园、锦州市帽儿山、朝阳市清风岭、丹东市天桥沟、本溪市老秃顶抗联根据地、阜新市毛岭沟等景区景点分布，策划红色游径和小路。

（五）配套推进红色设施

辽宁省可以围绕城市红色旅游休闲功能区、红色主题风貌特色街区、红色主题公园、战争遗址公园，配套推进红色驿站、红色宿营地、红色演出场馆等建设。

在2023年6月10日召开的辽宁省文旅产业振兴发展大会上，《辽宁省文旅产业高质量发展行动方案（2023—2025年）》正式发布。辽宁省计划在3年时间里充分发挥重大文旅产业项目带动作用，把文旅产业培育成现代服务业发展新引擎、国民经济战略性支柱产业，全面建设旅游强省。

按照省委、省政府全面振兴新突破3年行动安排部署，锚定省"十四五"旅游业发展规划目标，方案明确提出未来3年辽宁文旅产业的发展目标：充分整合利用全省丰富文旅资源，打造"六地"红色旅游新高地、中国北方生态旅居胜地、大众冰雪旅游最佳体验地、现代旅游消费集散地，全面提升"东北亚旅游目的地"美誉度，构建文旅产业高质量发展平台。到2025年，现代文旅产业体系进一步健全，产业综合竞争力和治理能力进一步提升。以2022年为基点，辽宁全省文旅产业项目投资额和旅游总收入实现双倍增，接待游客人数增长2倍，旅游及相关产业增加值占地区生产总值的比重达到5%。

方案提出，要以"六地"等红色资源为重点，提升红色旅游系列经典景区建设水平，支持发展红色旅游演艺、红色文创开发，创建国家红色旅游融合发展示范区。发挥全省旅游资源品类全、自然人文环境美、人居气候条件优、城市化率高、旅游交通便捷的综合优势，大力推进滨海旅居、森林旅居、乡村旅居等旅游新业态，高起点、高标准、高质量发展生态旅居产业。充分利用辽宁地处冰雪黄金纬度带、冬季降雪量大质柔、气温舒适度高、温泉遍布全省等地理资源与气候特质，打造国家及省级滑雪旅游度假地，挖掘民族民俗文化、冰雪文化价值内涵，丰富产品供给，构建冰雪产业发展新格局，适应高品质、微度假、多层次、高频率等现代旅游消费需求新趋势，大力培育旅游消费新业态。

立足"打基础、补短板、利长远、求突破"，聚焦文旅产业高质量发展，坚持"以文塑旅、以旅彰文"，推进文化和旅游深度融合发展，部署实施5方面重点任务。

进一步促进文旅产业集聚发展，升级沈阳现代化都市圈文旅产业集聚区，建设"中国最北海岸"休闲度假旅游带，建设对接京津冀辽西文化旅游先行区，创新发展辽东绿色生态旅游示范区。进一步强化文旅产业市场主体培育，深化国有文旅企业改革创新、支持民营文旅企业发展壮大、用心培育"专精特新"文旅企业。进一步健全文旅产业融合发展格局，推动"农业+文旅""工业+文旅""城市更新+文旅""体育+文旅""科技+文旅""交通+文旅""商业+文旅"融合发展。进一步提高文旅品牌美誉度，擦亮辽宁全季旅游品牌、塑造"辽礼"文创品牌、叫响"辽味"餐饮品牌、提升"辽宿"服务品牌、巩固"辽节"特色品牌。进一步优化文旅产业发展环境,培育壮大文旅消费客群,提升文旅公共服务水平,提高文旅行业服务质量,创新人才成长扶持政策,健全文旅市场治理体系。

第四章

共享互为策略下的东北红色文旅与乡村振兴整合路径

第一节 共享互为策略下的东北红色文旅与乡村振兴整合思路

红色文旅与乡村振兴的相互赋能性,使得彼此在发展前景上具有了更多的实践空间。红色文化本身作为乡村的重要资源禀赋,与旅游业结合并发展成如今的红色文旅,在红色文旅发展过程中乡村振兴的内涵不但得到了扩展和升华,而且能够反过来更好地指导乡村振兴实践。本节结合资料和前期实践调研成果,立足于当前乡村振兴中东北红色文旅发展的现实局面,提出以下几点思路。

一、资源整合

东北地区丰富的红色文旅资源是乡村振兴的关键资本。整合这些资源,涉及地理资源共享以及文化、历史、教育等领域的深度融合。在乡村红色文化的传承与乡村振兴方面,各级政府扮演了不可或缺的角色。政府需要通过协调各方利益,保证红色文化与乡村振兴的有效融合,为此提供必要的保障。在强化资源融合过程中,政府的行动不仅展示了其服务能力,也反映了其在解决基层治理矛盾中的创新能力。许多乡村社会治理问题背后，文化价值观念的衰退是一个关键原因。政府必须调动各方资源，为乡村振兴营造一个积极的红色文化氛围。

在强化资源整合的过程中，政府应从两个方面入手：首先，通过增强红色文化的认同感，提升资源整合效果。政府应在推动资源投入红色文化传承和发展时，不仅应注重场馆建设和景点开发，还应加强文化价值的宣传，特别是利用新媒体技术。例如，通过"红色文化学习＋乡村旅游""红色文化产业＋红色文化培训"等模式，推广红色文化的价值，增强不同群体对红色文化的认同，从而为乡村振兴提供文化支撑。其次，通过提升红色文化的实效性，增强资源整合的成效。面对当前红色文化产业推广的创新不足问题，政府需从红色文化的创新性角度出发，将其作为乡村振兴各领域创新的关键，避免红色文化推动的乡村振兴陷入单一模式。

（一）跨地区合作

东北三省（辽宁、吉林、黑龙江）通过建立红色文旅协作网络，共同推广东北的红色历史和文化，这一网络不仅促进了资源共享，还增强了整体的旅游吸引力。例如，沈阳、长春、哈尔滨等城市联合推出的"东北抗联路"红色旅游线路，展示了跨地区合作的成功案例。通过共同研发和推广红色旅游产品，如红色主题研学游、红色文化节、红色故事会等，东北各地有效地吸引了更广泛的游客群体，这种合作不仅提升了品牌影响力，也促进了经济和文化的共赢。同时，东北地区的红色文旅资源在整合过程中注重优化配置，避免资源浪费，通过科学规划和布局，实现了文旅资源的最大化利用，如将红色教育基地、纪念馆、自然景观等多种资源融合，形成了具有特色的综合旅游产品。这些举措不仅促进了区域文旅发展，还加强了红色文化的传承和推广，为红色文旅的持续发展提供了新的动力和方向。

（二）资源共享

东北三省通过建立红色文旅信息共享平台，促进了文旅资源的有效共享和利用，这一平台涵盖了文旅资源数据库、旅游线路推荐、市场分析报告等，为游客和业内人士提供了全方位的信息服务。这种信息共享机制不仅提高了资源使用效率，还增强了东北红色文旅的整体吸引力和竞争力。同时，东北地区通过举办红色文旅论坛、研讨会等活动，加强了人才和技术的共享。这些活动为专家学者和业内人士提供了交流经验、共同研究红色文旅发展新策略和新技术的平台，促进了行业的整体提升和创新。通过这种方式，东北三省在红色文旅领域形成了强大的人才和知识支持网络，推动了红色文旅项目和产品的持续创新和优化。此外，东北各地通过共同的市场推广和客源整合策略，有效扩大了红色文旅的市场影响。通过联合营销、节庆活动、特色旅游产品打包等方式，各地不仅成功吸引了更多国内外游客，也增强了区域旅游的整体竞争力。这种共享市场和客源的策略，使得东北红色文旅能够更好地满足不同游客的需求，提升游客满意度和区域品牌影响力。

总体来说，通过信息共享平台、人才和技术共享，以及市场和客源共享等多个层面的合作，东北三省的红色文旅项目不仅增强了自身的发展潜力，也为区域经济和文化的融合发展提供了坚实的支撑和新的增长点。这些共享和合作的实践，为其他地区提供了宝贵的经验，展示了如何通过多方合作推动红色文旅和乡村振兴的全面发展。

二、创新和可持续性发展

红色文旅的可持续发展是东北地区乡村振兴的关键目标。通过采用创新和可持续的策略，红色文旅不仅有助于保护和传承文化遗产，而且能推动环境保护和社会经济的发展。文旅融合通过创新模式淡化了文化与旅游产业之间的界限，开辟了跨产业的新盈利模式。例如，通过鼓励创新创业和壮大集体经济，积极探索村民创业的新途径，政府和专业组织提供技术支持和保障，有序引导体制和合作模式创新、经营方式创新以及营销方式创新，帮助新思路和新想法实现落地。以文创项目为重点，根据游客的心理预期和偏好，用受欢迎的方式传递文化知识，增强品牌的影响力。

除了政府，私营部门和非政府组织也是推动文旅融合创新的重要力量。企业可以通过投资文旅项目，如红色主题公园或纪念馆，利用其商业运营经验优化游客服务和产品营销。非政府组织在教育、文化保存和社区发展方面发挥专长，提供必要的研究资源和社区动员能力，帮助项目更深入地与当地社区融合。

在实际操作中，文旅项目应借助现代科技手段，实现与科技结合的创新与持续发展。如通过开发应用程序和在线平台，使游客能够在访问前了解红色文化背景、预订门票和安排行程。这不仅提高了访问效率，还通过数据收集提供个性化推荐和服务，增强游客满意度和回访率。此外，可持续性发展应成为文旅融合策略的核心，通过实施环保措施，如使用可持续材料建设景区设施，引入节能技术，保护当地的自然和文化遗产，同时开展以红色文化为主题的环保教育活动，增强公众的环境保护意识。

（一）创新应用

第一，数字化转型。通过虚拟现实（VR）、增强现实（AR）、大数据等技术，将传统的红色文旅资源转化为新型的互动体验。例如，通过VR技术重现历史场景，让游客在沉浸式环境中学习历史，提高了教育的趣味性和有效性。

第二，创意产品开发。东北红色文旅地区通过开发与红色文化相关的创意产品，如红色文化主题邮票、纪念品、手工艺品等，增加了文旅产品的附加值。

第三，智慧旅游服务。推出智慧旅游服务系统，包括在线旅游服务平台、智能导览、电子支付等，提升了游客的旅游体验和管理效率。

（二）可持续性发展

第一，生态保护与环境可持续。东北红色文旅区域需要严格执行环境保护政策，保护自然景观和生态环境。例如，将红色旅游区与自然保护区相结合，实现生态旅游和红色教育的双重目标，如抚顺的红帆湖烈士陵园周边的生态保护项目，既维护了生态环境，也提升了红色文化的教育功能。

第二，社会责任与社区参与。红色文旅的发展强调社区的广泛参与和社会责任的履行。通过引导当地居民参与文旅项目的运营管理，如提供家庭旅馆、农家乐、手工艺品制作等，增加了居民的收入，同时也增强了他们对文化遗产的保护意识和自豪感。

第三，文化传承与教育创新。红色文旅区域积极探索文化传承与教育创新的路径。通过建立红色教育基地、红色研学旅行项目、红色主题课程等，使得红色文化教育更加系统和深入。

三、优化传播内容，打造品牌效应

随着网络、手机和移动终端等新型媒体的普及，红色文化的传播方式已经超越传统媒体，成为重要的传播选择。由于不同媒介在红色文化传承中的不同作用，需要针对各自的特点提供有效保障，使红色文化渗透到人们的生活中，为乡村振兴提供积极的文化支撑。不同文化有各自的育人优势，多维度的创新方式不仅能更好地传播红色文化，还能找到其融入乡村振兴的新路径。

推动多维度的创新方式可以从主体和机制两个方面入手。红色文化的发展具有公共性，需要政府担任领航者角色，但仅依靠政府的力量可能效果不佳。政府应协调各方力量，提供多种平台和制度机会，让社会组织和人民群众也参与进来。社会组织应利用自身优势宣传红色文化,人民群众应有使命感,认识到红色文化对美好生活的指引作用。在机制方面,应打造内容聚合平台,利用技术数据、商业利益和关系网络等机制,促进内容和多方主体的匹配与协作。通过多种平台引进不同主体,挖掘红色文化的价值,调动各方积极性。

传播内容也是红色文化发展的关键。若只关注技术展示而忽略内容挖掘,红色文化的价值内核可能会丧失,无法有效熏陶人们的价值观。例如,利用动漫技术叙述红色文化故事时,如果只注重视觉效果而忽略内容,可能无法深刻触动受众,红色文化的价值省思作用也难以彰显。坚持优质内容传播可以从互动性和叙事引导性两个方面入手,红色文化内容应与中华优秀传统文化、社会主义先进文化、民俗文化等结合,拓展内容边界,实现升级。借助传统文化热潮,使红色文化内容和形式更灵活,不仅能助推乡村振兴,还能焕发红色文化的实践潜力。在叙事引导性上,应协调技术、人物和环境三要素,注重场景还原的真实性和先进模范人物的榜样作用,让受众在欣赏过程中确立崇高的理想信念。

四、增强产业融合,优化人才引进培养

文旅深度融合是实现自然美与文化美相统一的关键。要综合考虑当地民俗风情、历史文化、红色传承等因素,立足区位优势和市场环境,将红色文化旅游打造成区域的重要文化中心和人员集聚地,实现自然欣赏、文化体验与情操陶冶的有机统一。应分析区位因素和交通布局,评估居民的消费能力,合理设定乡村旅游的消费点。红色文化旅游需要长期的景区维护保障,吸引地方资本参与建设时,必须重视生态环境保护,让环保设施与景区同步开发、同步建设。要重视对景区周边村民的生态文明宣传,从生态资源保护的角度,

引导和教育游客。坚持"绿水青山就是金山银山"的理念，以旅游促进生态优先发展，将自然生态环境和地方人文景观纳入旅游元素，形成集红色教育、情景体验、农家采摘、生态康养于一体的乡村文化旅游景区。乡村旅游的发展中，田园风光、农业文明、建筑艺术、民俗文化和艺术人文等元素构成了独特的核心吸引力。乡村文化产业和旅游产业通过创作、娱乐服务、表演等手段整合，能够打造独特的红色旅游名片，实现多样化运营。应鼓励红色场馆"走出去、引进来"，借助"村企联建"的契机，争取资金支持，讲好红色故事，吸引企业合资运营。建立"红色＋民俗再现""红色＋生态农耕""红色＋户外运动""红色＋生态康养"等模式，拓展红色旅游文化，将地方传统农副产品和手工艺品转化为现代红色旅游产品，促进农村产业发展。选择革命史上具有重大作用、红色遗存丰富且保存良好的乡镇，形成具有影响力的红色名乡、名镇，建立互促互融的合作机制，让村民在红色文化旅游中受益。场馆讲解应多样化，发展与党校、机关事业单位、国企的紧密联系，拓展党风廉政建设业务。从高校聘请教授作为党史咨询专家，定期组织主题党课宣讲，深入讲授党史故事，推动红色精神深入人心。红色故事应丰富多样，以党史学习教育为核心，彰显共产党人无私无畏、为人民服务的精神。对导游进行培训，使红色故事更具感染力。讲解和情景教学应注重与游客的互动，增强游客的参与感和体验感。

综上所述，人才是创新的动力，文旅融合的发展离不开专业管理人才和科技人才。项目开发和创新需要激发内生动力，加大人才引进和培养力度，利用资源优势吸引更多能人参与建设，实现共建共享的人才体系。通过互学互助，增加针对性人才培养，发挥夜校和专题培训的作用，加强人才培养。在品牌管理、文创项目研发、运营模式创新等领域下功夫，聘请专业机构和人员参与提升改造。搭建社区自治平台，开展社区活动，推进社区治理，调动村民积极性，引导村民参与治理，推动自治、互助和共建。

第二节 共享互为策略下的东北红色文旅与乡村振兴整合路径

在东北地区,红色文旅产业已成为推动乡村振兴和经济发展的关键力量。通过整合丰富的历史和文化资源,各地不断探索和创新,形成了一系列具有地方特色的文旅发展模式。这些模式不仅增强了地区的旅游吸引力,而且促进了文化的传承和社会经济的全面发展。此外,乡村振兴是一项系统工程,涉及经济、政治、文化、社会、生态文明等方方面面,推进东北红色文旅振兴乡村要突出抓好产业、人才、文化、生态、组织"五大振兴"。这既是乡村振兴战略的重要内容,也是构建富强民主文明和谐的社会主义现代化乡村的必然要求。

一、特色文旅产业案例分析

东北地区的红色文旅产业通过整合丰富的历史资源与自然景观,促进了乡村振兴的多样化发展。这一地区通过发展特色文旅产业,不仅提高了地区的经济水平,而且强化了文化的传承和社区的凝聚力。

（一）黑龙江的"冰雪＋红色"旅游模式

黑龙江利用其独特的冰雪资源和红色历史，开发了"冰雪＋红色"旅游产品。例如，结合哈尔滨的冰雪节和红色教育基地，为游客提供了一种全新的旅游体验，这种模式有效地提升了游客的参与度和满意度，同时为当地创造了大量的就业机会。此外，这种旅游模式还促进了相关服务业的发展，提高了地区的经济效益。

（二）辽宁的红色文化村落振兴计划

辽宁通过打造特色的红色文化村落，例如，铁岭的"红色故事村"，结合红色历史和乡村生活体验，吸引了众多游客。这些村落不仅提供了传统农耕和手工艺的体验，还通过展示红色历史故事，增强了游客的文化体验。这种做法提高了乡村地区的旅游吸引力，促进了当地经济和文化的双重发展。

（三）吉林的长白山红色教育基地

吉林省结合长白山丰富的自然资源和抗日战争的红色历史，建立了红色教育基地。这一基地通过提供红色教育和自然探险相结合的旅游产品，如红色历史遗址徒步和自然景观探险，吸引了大量青少年和家庭游客。这种结合自然与历史教育的旅游模式，不仅增强了游客的历史责任感，也推动了当地的生态旅游和文化旅游的发展。

二、打造特色文旅产业，助推乡村产业振兴

要实现乡村振兴，首先必须推进产业振兴。为了促进东北红色文旅区的乡村产业发展，需要充分利用红色文化资源，创建独具特色的文旅产业，并推动文旅的深度融合，以加快乡村经济的增长。这样做不仅可以为旅游业注

入更加丰富的文化内涵，促使文旅沉浸式发展；同时，它也能显著提升红色文化的知名度和影响力，这对乡村振兴至关重要。携程发布的《2021年上半年红色旅游大数据报告》显示，红色景区的预订量同比增长超过两倍，"80后"和"90后"的占比达到了70%，显示出红色旅游客群的年轻化趋势。因此，要利用红色文旅振兴乡村，我们必须坚持市场导向，创新红色资源的转化途径和方式，打造具有特色的文旅产业，形成丰富多彩的红色旅游产品，充分展现红色精神的独特魅力。

（一）创新红色旅游产品体验模式

红色旅游产品的教育功能远超其娱乐功能。然而，传统的教育主导型旅游产品由于其过于死板和僵化的形式，往往教育效果不佳。面对年轻人成为主要的文化传播者的现状，开发既重视教育体验又保留文化内涵的产品，成为众多红色景点亟待解决的新挑战。在更新产品设计方面，我们可以学习国内其他成功的红色景点的经验。例如，井冈山的"六个一"活动、情景剧和环绕式AR等模式，将红色文化与现代科技及艺术形式结合，有效提升了旅游产品的文化生命力和艺术表现力。《中国红色旅游消费大数据报名（2021）》显示，年轻人偏爱沉浸式体验。相较于传统导游的解说，全息投影、裸眼3D及VR等技术手段更能带给游客身临其境的感受。上海的"1925书局"在建党百年之际推出的红色剧本杀深受当地年轻人欢迎。红色剧本杀，即以革命历史事件为题材的剧本杀，是一种创新地利用红色资源的新方式，它能与不同地区的文旅产业融合，具备显著的地域特色。开发红色剧本杀项目不仅丰富了红色文化的现代表达方式，也让游客通过角色扮演深入历史剧情的实景演绎，通过沉浸式体验获得历史教育，间接接受爱国主义教育。作为一种地方特色旅游项目，优质的红色剧本将吸引更多游客前来体验。

（二）丰富"红色文化+"新兴业态

对比以观光为基础、重点发展休闲度假的日照滨海旅游，区域内的民俗村对游客的吸引力明显优于红色村庄。因此，应树立"红色旅游+"的理念，开发东北红色旅游与乡村休闲度假新业态，实现红色村庄的活态化传承与现代化发展。

首先，红色圣地度假需要完善齐全的一站式配套设施。政府可以联合村民盘活乡村闲置资源，将闲置农宅整体设计为红色主题的民宿、餐饮、商铺等设施，或改造成公共空间如书吧、茶亭等。推动乡村度假与红色研学深度融合，讲好红色故事，创新文化体验，打造让人眼前一亮的红色项目，如沉浸式实景演艺、红色剧本杀等，使游客既有看头又有玩头。其次，注重感官营造，突出东北特色。在旅游开发中保护和合理开发传统村落，推出介于老区古宅和现代城市化居住形式之间的民宿庭院，做到"软、硬件"兼备。"软件"上，赋予乡村建筑现代生活需求的必要设施，提升居住舒适度；"硬件"上，维护老旧房屋和院落的原有空间格局，保护东北地区老宅等历史性建筑，保留红色村落的原有风貌。最后，推动红色文化与多元乡村文化的有机融合。探索地方美食，向游客提供极具代表性的老字号、特色鲜明的地方风味和乡土特产。设立乡村文化站，让游客了解并参与非遗手工艺品、节庆风俗活动等。只有留住游客，才能让他们有更多的时间和机会真实地了解和理解东北红色文化和优秀历史文化，增强他们在保护和传承非遗方面的参与感、认同感、自觉性和主动性。

（三）全力塑造红色文旅品牌

搭建东北红色旅游云平台需要明确目标受众，创新传播内容和形式，制定奖励机制，扩大传播主体。红色旅游市场客群的年轻化趋势要求我们开拓新媒体领域，在微信公众号、新浪微博、短视频、网络直播等平台上开设官方账号进行宣传，并将 VR、AI 等互动性强的新兴技术与东北红色文化相结合，创作一批具有强沉浸式体验的音乐、微电影、短视频和动漫等作品，以实现文化传播牵头，营销红色旅游，进一步提升东北红色旅游的吸引力。同时，政府应积极制定奖励政策，增强大众的红色旅游传播意识。各大景区可以在门票或项目收费上制定优惠策略，让游客通过在朋友圈、微博等网络社交平台发布与东北红色旅游产品或服务相关的文字、图片和视频，以获得优惠。积极与微博红人、旅游大 V 等自媒体人建立合作，通过软文的方式将东北红色旅游广告传播出去，以提升宣传效果和品牌知名度。

三、文化引领人才培养，助推乡村人才振兴

功以才成，业由才广，人才振兴是乡村振兴的必要条件。要实现乡村人才振兴，首先需充分利用红色文化资源引领人才培养，为乡村振兴提供坚实的人力支持。人才作为基础性、战略性资源，对于产业边界交融、业态模式创新以及乡村振兴具有极大的促进作用。振兴乡村和发展东北红色文旅工作，都需要大量的人才支撑。因此，必须做好优秀人才的培养和引进工作，鼓励广大青年学习老一辈革命战士、创业先锋们心怀祖国、服务人民的优秀品质，主动担负起时代赋予的使命与责任。同时，顺应红色产业带来的农民职业化趋势，培育本土人才，提高红色文化相关从业人员的综合素质。其次，要优化人才发展环境，提供政策支持和保障措施。政府和相关部门需制定切实可行的人才政策，提供资金、技术和培训支持，吸引和留住各类人才。同时，完善人才激励机制，建立科学的考核评价体系，确保人才在乡村振兴和红色文旅发展中充分发挥作用。最后，要加强人才培训，提升综合素质。通过红色文化教育、专业技能培训等方式，提高从业人员的职业素养和技能水平。推动产学研结合，促进教育资源和产业需求的紧密对接，为乡村振兴和

红色文旅发展培养更多的实用型人才。

（一）引进优秀人才

首先，注重发挥高校教育优势，扎实做好高等教育服务于乡村人才培养的工作，将东北红色文化融入人才培养机制，培养更多的红色文化人才。例如，大连大学依托区域内丰富的红色资源，通过开发校本课程，建设大连大学红色基因馆，将东北红色文化融入教学，充分发挥红色精神在培养和塑造时代青年个性品质中的积极作用，培养学生甘于奉献、艰苦奋斗、不畏艰难、矢志攻坚的价值追求，让他们以不怕苦难、坚韧不拔的态度投身乡村振兴实践，强化家乡建设的使命感与责任心，使东北红色精神转化为青年创业创新的内生动力。其次，加强与高校的紧密互动，推动毕业生实习精准对接乡村，根据乡村产业发展的需求，为乡村培养和输送旅游产业、文化产业、农业的管理型、科研型和创造型人才。利用当地的红色旅游景区搭建学生暑期实践培训平台，培养满足旅游业所需的专业人才。同时，各乡镇应注重打造有品牌亮点的特色产业村庄，如红色村庄、生态古村、花卉村庄等，优化农村创业、就业环境，满足高校人才的择业意愿。最后，完善人才引进机制，创新人才评价和考核方式，为人才下乡服务锻炼开设"绿色通道"。基层政府部门应更好地覆盖乡村人才的各类公共服务，解决他们在社保、医疗、教育等生活上的诸多问题，使其能够专注于从事红色文化建设和传承工作。为乡村人才搭建广阔的发展平台，使其技之长得以展现，增强其职业获得感与自我价值归属感，安心在乡村谋发展。

（二）以用为本，培育本土人才

农村地区条件艰苦、资源薄弱，对外来人才吸引力较低，因此开发本土人才尤为重要。针对设立红色产业项目的乡村，相关政府部门可以集合基层部门、旅游企业、教育机构等力量，打造本土红色人才孵化基地，以用为本，以事择人，提高红色文化从业者的综合服务水平，建设稳定的红色文旅人才队伍，扶持培养一批专业的一线服务人员，为红色文化传承提供充足的人力保障。

在教育培训过程中，首先，要完善培训课程体系，将东北红色文化和东北历史文化贯穿于人才培养的全过程，强化红色文化理论素养的学习。特别是针对讲解员、导游等人员，必须要求其准确把握东北红色文化的深刻内涵，规范讲解内容，确保表述的准确性、真实性和权威性。同时，在岗前培训中增设导游实务、服务规范等课程，进一步增强其服务意识，以便带给游客更好的互动体验。其次，要增强从业人员的红色信念。红色旅游不同于普通旅游，其根本目的是推动文化传承。导游、讲解员作为介绍者，对红色文化的理解越深刻，讲解越到位，传播效果就越佳。政府可以邀请专家开展线上线下相关主题讲座，借助专业人士的讲解，帮助从业人员更好地理解红色文化，增强对红色精神的感知力。最后，创造性人才不可或缺。推动东北传统手工艺与红色文化相结合，创造红色文创，创作新的文化载体，需要大力培养乡村工匠，为传统工艺寻求后继传承人。这不仅能推动红色文化的传承和创新，也能为乡村振兴提供新动力。

四、发挥红色资源优势，助推乡村文化振兴

文化振兴在乡村振兴中起着重要作用，要实现东北红色乡村文化振兴，需要充分发挥红色文化资源优势，增强乡村的文化自信和凝聚力。

（一）丰富宣传形式

科学宣传是弘扬东北红色精神的重要手段，如何激发村民参与文化活动，传承东北红色精神的积极性是一个值得深入思考的问题。首先，耐心做好活动前的调研工作，通过发放问卷、上门走访等形式，了解村民对东北红色精神的认知水平，询问他们对文化活动的建议，以及希望以何种方式宣传东北红色精神。其次，满足不同年龄阶段宣传对象的文化需求，确保宣传形式多样，争取良好的宣传效果。针对老年群体，可以坚持使用电视、报刊、广播等传统媒体进行宣传；而面对青壮年群体，则需适当增加能够引起他们兴趣的文化素材。最后，宣传语言要贴近村民生活，构建东北红色精神的通俗话语体系，实现革命话语向日常话语转变、精英话语向群众话语转变，做让村民听得懂的宣讲，讲村民听得懂的故事，让村民在潜移默化中接受红色文化。

截至 2022 年年底，乡村网络普及率已达近 60%。随着社会的不断进步，宣传工作也应与时俱进，顺应时代发展潮流，合理运用互联网进行协同配合。通过深挖东北红色文化的丰富内涵，制作凸显东北红色精神的优质作品，并将其投放至新媒体平台，让人们有更多机会接触、了解和学习东北红色精神。同时，要求制作者在尊重历史、还原历史的前提下，以正确的民族观、文化观为指导进行创作。在这个过程中，应注重以下几个方面：第一，利用网络平台开展宣传活动，制作吸引年轻群体的互动内容，如短视频、微电影和 VR 体验。通过这些新媒体形式，可以更生动地展示红色文化，增强传播效果。第二，结合村民的生活实际，利用日常生活中的小故事、实地活动等形式，让红色文化更加贴近村民生活。例如，组织村民参观红色纪念馆、参与红色主题的社区活动等，增强他们的参与感和体验感。第三，开展多样化的文化活动，如红色故事会、红色文艺演出等，通过丰富多彩的形式吸引村民参与，增强红色文化的感染力和影响力。第四，培训基层宣传人员，提升他们的宣讲能力，使他们能够用村民易懂的语言讲述红色故事，增强宣传效果。

（二）打造红色阵地

农村文化基础设施是村民开展文化活动的基础，也是确保文化活动顺利进行的保障。加强阵地建设，打造乡村文化空间，可以从以下几个方面入手：第一，建立一站式党群文化服务中心，围绕东北红色文化的特色和主题进行全面改造升级，以更好地传播东北红色文化，弘扬东北红色精神。同时，完善农家书屋、文娱活动室、健身中心等基础文化设施，为村民提供多样化的文化服务。第二，政府部门应发挥主导作用，积极组织红色文化活动和会演，依托东北红色文艺轻骑兵、红色宣讲团等资源，讲述新时代党员群众践行东北红色精神的感人事迹，树立崇德向善、积极向上的榜样典型。让村民通过直观的方式感受到红色文化的熏陶，在潜移默化中传承和践行东北红色精神。第三，切实加强基层文化人才队伍建设。政府部门要积极引进优秀文化艺术人才，并采取优惠政策留住人才，鼓励其专注于乡村文化建设工作，建功基层。此外，定期对文艺工作者进行党史学习教育，组织瞻仰爱国主义教育基地和红色观影等活动，增强他们对东北红色文化的认识，引导其围绕东北红色精神创作更多优质的文艺作品。

（三）树立榜样模范

树立先进榜样是传播和弘扬东北红色精神的有效途径，通过人格化的优秀品质以情动人，达到推动村民自觉践行东北红色精神的目的。在挑选榜样时，应坚持人民性和广泛性相结合，不仅要选出为国家作出巨大牺牲和突出贡献的人，也要挖掘在平凡岗位上默默付出和勤勉耕耘的典型。从人民的视角出发,将焦点放在基层,尊重不同受教育者的个性差异,从各行各业、各个领域中挖掘出新时代的楷模。同时,开展多样化的榜样评选活动,激发全社会的广泛参与,确保评选标准的透明度和公正性,真正挑选出最具代表性、最得人心的榜样。在宣传先进榜样的事迹时,可以结合传统媒体和现代技术,不仅通过建立"文明墙""阅报栏""乡贤榜"等传统方式,也应充分利用新兴的网络平台,通过数字媒体技术生动再现榜样的情境,调动受众的视听感受,激发情感共鸣,从而增强榜样故事的感染力和传播效果。

五、打造乡村最美生态,助推乡村生态振兴

绿色是生命的象征,也应成为发展的基调。生态振兴为乡村振兴提供了可持续发展的路径。我们需充分利用红色文化资源,保护生态美丽环境,实现红色文化与生态环境的互利共赢。东北地区,作为全国著名的革命老区,不仅拥有丰富的革命遗迹等红色文化资源,还具备得天独厚的自然禀赋和生态优势。我们必须深入挖掘东北红色文化中蕴含的优秀人文品质,以此涵养乡村生态道德,不断强化村民的生态理念,并充分发挥东北红色精神在乡村生态文明建设中的思想引领作用。这种融合不仅能够增强村民对生态保护的自觉性,而且能够为乡村振兴带来更加丰富和持久的发展动力。

(一)挖掘东北红色文化基因,涵育乡村生态道德

生态道德是指人类对自然万物的道德认知和行为规范,反映了人与自然的相互关系。东北的红色文化,特别是其展示的党与人民、人民军队与人民之间的紧密关系,为我们理解人与自然的关系提供了深刻的启示。

马克思曾指出,历史是自然史的一部分,即自然界生成为人的过程。这一观点提示我们,人与自然的关系,在本质上是人与人、人与社会的关系。

我们对待他人和社会的态度，可以间接反映我们与自然的相处方式。在革命战争时期，东北人民对人民军队的坚定支持，无私奉献的精神，体现了人与人之间深厚的情感和牺牲自我成全他人的淳朴情怀。这种情感是对以往人类为了私欲无休止地掠夺自然的强烈驳斥，为人类与自然和谐相处提供了重要的参考。因此，我们在培养乡村生态道德时，应激发村民对自然的爱护之心，引导他们约束自己的行为，深化"利他终利己"的认识，从而真正做到尊重、珍爱和善待自然。

通过学习东北的红色文化，我们也可以领会到其中的艰苦朴素、勤俭节约等特质。中国共产党与东北人民在革命斗争中取得的胜利，离不开这种精神的指导。在当代，这种精神同样可以引导群众形成绿色节约、生态高效的生活习惯，进一步培养村民的生态道德，使戒奢宁俭、克俭克勤的价值观深入人心，提高村民的生态道德素养。最后，我们应将生态道德转化为乡村生态建设的强大动力，避免一切可能对生态造成破坏的行为，让每个人都能自觉参与到保护自然的实践中。

（二）发挥东北红色精神激励作用，动员乡村广大群众

通过对东北红色精神的深入解读，我们发现这一精神体现了两方面的核心内容。首先，东北人民对中国共产党的忠诚与热爱是显而易见的，他们为革命的胜利作出了无私的奉献。其次，中国共产党始终坚持群众路线，全心全意为人民服务，这一做法也取得了显著的成效。因此，在乡村生态建设中，弘扬东北红色精神不仅能激发群众参与生态保护和治理的积极性，增强他们的生态意识，而且能加深他们对党的热爱和忠诚，确保党的政策得到有效执行。另外，永不服输和艰苦奋斗是东北红色文化的永恒精神内核。毛泽东曾指出，中华民族具有伟大的能力，能与敌人血战到底，有在自力更生的基础上复兴旧物的决心，有自立于世界民族之林的能力。在革命战争时期，东北

革命根据地的建立，就是基于当地特殊的地理环境和险要的地势，这些条件为政治和军事活动提供了优势。然而，该地区复杂且残酷的自然生态环境也给人民军队带来了极大的生存挑战。尽管如此，中国共产党和东北人民仍凭借顽强的毅力夺取了革命的胜利。

在当代，乡村生态建设是一项长期且艰巨的任务，需要东北地区人民继续保持和发扬永不服输和艰苦奋斗的红色精神，共同开创人与自然和谐相处的新局面。这种精神不仅是对过去的一种纪念，更是对未来的一种期待和引领，它鼓励我们在面对难关和挑战时，保持坚定不移的决心和不断前行的动力。

六、完善基层党建治理，助推乡村组织振兴

乡村振兴必须伴随组织的振兴。为了在东北地区实现红色乡村组织的振兴，我们需要结合红色文旅发展，完善基层党建治理，增强乡村组织的凝聚力、影响力和创造力，并将这些努力融入新时代的基层党建工作。首先，我们要充分发挥红色精神在基层党组织思想建设中的引领作用，以东北红色精神为指导，坚定党员干部的理想信念，并引导他们成为东北红色精神的践行者。其次，我们需要将东北红色文化融入实际活动中，合理利用红色文化的物质载体，开展红色教育实践，通过情感体验和互动活动，不断提升党员干部的精神境界和思想感知，加强他们的党性修养。

（一）红色精神引领基层党组织思想建设

首先，东北红色精神中包含了丰富的思想建设资源，如无私奉献的信念、艰苦奋斗的意志、爱党拥军的忠诚，以及开拓奋进的勇毅。这些精神品质大多源自人民创造的先进事迹，为基层党组织的思想建设提供了重要的借鉴。

因此，依托东北红色精神开展党员干部的党性教育时，应特别强调"党群同心"的核心要素，挖掘并突出党员干部的模范事迹，提高他们参与学习的积极性，主动内化东北红色精神的内涵，坚定成为新时代东北红色精神践行者的价值追求。

其次，要充分利用媒体在宣传红色精神上的作用，建立红色精神的网络学习教育平台。互联网的发展为宣传和推广红色精神提供了便利，成为指导党的思想建设的新方式。例如，线上宣讲打破了传统的参会人数限制，便利更多基层党员干部的参与。通过设置红色文化交流论坛、开通线上宣讲和党课，积极引导党员干部分享工作经验和对红色精神的理解，促进党员干部间的互学互励，深化对红色精神的共识。

最后，我们需要建立和完善传承东北红色精神的考核机制。通过硬性的考评机制和创新的实践考核方式，全面考察党员干部学习红色精神并实践的过程，为其评优选拔、岗位调动、福利待遇提供依据。考核内容可包括工作状态、对待群众和同事的态度、精神面貌、心理素质等。同时，通过定期召开民主评议和针对典型事件的扣分制，避免对不良行为的过敏反应，或对积极行为的忽视。

（二）以红色遗址丰富基层党组织的教育实践

党史学习教育应合理利用红色物质资源，充分展现其作为显性文化符号的独特优势，推动红色教育从理论引导向实践教学转变。党校和党课侧重于红色精神的理论教育，而红色教学基地则为党员干部提供了实践教育的稳定场所。一方面，红色遗址、博物馆、纪念馆等设施的开发和建设，有助于党员干部深入了解革命历史，深刻领悟红色精神。红色教学活动的研发和设计能够让党员干部切身体会革命先辈的吃苦耐劳，学习他们在艰苦条件下的创业智慧。然而，当前"一看了之、一听了之、一走了之"的基地教学活动，不仅削弱了红色资源的教育功能，而且还消磨了党员干部传承红色文化的积极性。因此，创新教学实践的方式和形式尤为重要。可以适当压缩讲解员的简单讲授环节，让党员干部更多地投入到实践活动中，如入伍换装、组建连队、队列操练，营造战时氛围，提升代入感；开展推独轮车、抬担架比赛，将红色元素融入体育竞赛中，在提升党性修养和坚定理想信念的同时，进一步增强干部队伍的团结协作能力。另一方面，应切实提高党员干部对红色基地教学的认识。在前往红色教学基地进行实地培训前，可以通过观看与基地主题相关的红色电影、组织宣讲等方式进行预热，进一步提升他们的重视程度，改变将其视为普通旅游活动的思维模式。培训后，及时进行成果检验，如开展集体研讨、撰写观后感等，以达到最佳的学习效果。

第三节　共享互为策略下的东北红色文旅与乡村振兴的未来展望

推进乡村振兴战略是为了解决发展中的不平衡和不充分问题，响应人民对美好生活的渴望，并在全面建成小康社会之后，追求共同富裕。乡村振兴涵盖产业、人才、生态、文化和组织五大方面，这些方面相互促进，通过激活多种积极因素，促进乡村振兴的发展和各个因素的自我提升。以产业为基础，利用传统乡村的人才、智力等社会资源优势，结合区域特色文化，共同打造生态旅游景区，延伸乡村价值链，提高农业效益，进而促进农民增收和农村致富，推动乡村振兴。"文化+旅游"的融合为传统乡村的振兴与发展带来了实际价值。

传统村落天生具有发展文化旅游的优势。乡村振兴的发展依赖于文化和旅游的引领——文化是旅游的灵魂，而旅游则是文化的载体。两者相互促进，实现融合发展，这是推动乡村振兴的有效途径。文旅融合在发展动因、运行模式、战略目标等方面与乡村振兴高度相关，是赋能乡村振兴的关键。通过文化重构、旅游发展和城市互动，文旅融合有效地促进了农村要素提升、结构调整和价值提升。为进一步扩大艺术与旅游融合的影响力，从主体、行业、社会、技术四个维度出发，完善共治、市场整合、资源匹配和创新机制，充分利用文旅融合的多功能价值。

尽管东北红色文旅已取得初步成效，但技术应用不足和社区参与有限等挑战依然存在，这些问题凸显了需要进一步创新和优化现有模式的必要性。面对这些挑战，本书提出一系列策略和展望，通过综合技术升级和社会经济策略的应用，旨在推动红色文旅和乡村振兴向更高效、更包容、更可持续的方向发展。

一、科技融入红色文旅

东北地区的红色文旅产业正在经历一场由科技驱动的变革，这种变革预计将大幅推动产业的升级和转型。随着新技术的不断涌现，红色文旅与科技的深度融合，将为游客提供更丰富的互动体验，同时也将为地区的文化保护和经济发展带来新的动力。

（一）智慧旅游的推广

利用物联网（IoT）、大数据、人工智能（AI）等技术，红色文旅景区可以实现智慧导览、智能推荐、在线互动等功能，实现智慧旅游的推广。这不仅提升了游客的体验质量，也帮助管理者更好地进行资源配置和客流控制。例如，通过分析游客的行为数据，景区可以优化旅游路线，减少拥堵，提高旅游效率。

（二）VR 与 AR 技术的应用

通过 VR 和 AR 技术，红色文旅景区可以重现历史场景，让游客在虚拟环境中亲身体验历史事件，从而获得更加深刻的教育意义和情感体验。例如，将这些技术应用于东北抗联博物馆和哈尔滨的"冰雪+红色"展览，可以使游客在观看展览的同时，感受到抗战时期的艰难岁月和战争的真实场景。

（三）数字化内容的创新

红色文旅地区通过创建数字化的展览和教育内容，如在线展览、虚拟博物馆、电子书籍等，使红色文化教育不受时间和空间的限制，更容易触达年青一代。这种创新不仅扩大了教育的影响力，也为红色文旅的传播提供了新的途径。

（四）生态环境监测与管理

应用卫星遥感、地理信息系统（GIS）等技术监测红色文旅区的生态变化，可以有效地进行环境保护和可持续发展规划。这些技术可以帮助景区及时发现环境问题，制定科学的保护措施，确保文旅发展与环境保护的双赢。

二、文化和教育的深度融合

通过与学校、大学和其他教育机构合作，我们将红色文化教育融入更广泛的教育体系之中。这包括开发以红色历史为背景的教育课程和教材，以培养年青一代对历史的认识和对国家的认同感。此外，红色文旅也将成为社区教育的重要组成部分，通过组织公共讲座、研讨会和文化活动，增强公众对红色文化的理解和尊重。

（一）教育体系的融合

将红色文化教育纳入课程体系，开发一系列以红色历史为背景的课程。例如，学生可以通过互动式的历史课程，如模拟红色历史事件的角色扮演、红色文化主题的论文写作等方式，更加生动地理解历史。并且可以组织学生前往红色文旅景区进行实地考察，如参观抗日战争纪念馆、老抗联营地等，这些活动不仅增强了学生的历史感知力，也提升了他们的分析和批判性思维能力。此外，可以推动教育资源的共享，比如通过数字化平台共享红色文化教育资源，使得城乡、不同地区的学生都能接触和学习到优质的红色教育内容。

（二）社区教育的推广

红色文旅景区可以举办各种公共讲座、研讨会和文化活动，邀请历史学者和专家就红色历史、文化保护等主题进行深入讲解和交流，这些活动为社区居民提供了继续教育的机会，增强了公众对红色文化的理解和尊重。此外，红色文旅项目可以鼓励社区居民参与到项目的运营和管理中来，如参与导游讲解、文化产品的制作等。这种参与不仅增加了居民的收入，也让他们成为文化传承的积极参与者，增强了社区的文化认同感和凝聚力。

三、经济模式的创新

随着红色文旅项目的不断发展和市场需求的变化，未来的经营模式将更为多元化和市场化。除了传统的门票和旅游服务外，红色文旅将开发更多与文化产品、数字内容和体验服务相关的盈利模式。同时，引入众筹、合作投资等新型融资方式，鼓励公众和私人投资者参与项目的发展，共享经济成果。

（一）经济模式创新的方向

经济模式创新的方向为探索包括但不限于文化产品销售、数字内容订阅、体验式服务在内的商业模式，如开发红色文化主题的虚拟产品、在线课程，或提供个性化的红色历史探索旅程。并且，利用众筹平台为红色文旅项目提供资金支持，降低项目启动门槛，增加市场活力；同时，通过与企业和民间资本的合作，共同投资开发大型的红色文旅综合项目，分散风险，提高投资效益。

（二）新兴市场和服务探索

探索并提供更多增值服务，如 VIP 导览、专家讲座、历史主题体验活动等，可以满足不同游客的需求；同时，开发个性化和定制化的旅游服务，可以提高游客满意度和忠诚度。另外加强红色文旅景区的数字化建设，提供智能导览、在线互动、虚拟现实体验等智慧旅游服务，也能在提升游客体验的同时，优化景区管理和运营效率。

四、社区和生态的和谐发展

随着社会发展和生态环境的变化，红色文旅项目应当更加注重与当地社区的和谐共生，通过促进当地就业、支持小微企业发展和增强社区服务功能，可以帮助提升居民生活质量。此外，加强生态保护措施，确保旅游活动不对自然环境造成破坏，推广绿色旅游理念，也能使红色文旅成为推动地区可持续发展的典范。

（一）社区和生态发展

推动社区共享红色文旅的经济和文化成果，如通过提供旅游相关的培训和就业机会，可以使社区居民直接受益；开设社区工作坊和文化沙龙，也能鼓励居民参与文化产品的创作和文化活动的组织。此外，支持小微企业和社会企业在红色文旅区内发展，如手工艺品制作、农产品直销、乡村民宿等，通过提供创业指导、贷款支持和市场推广帮助，能够增强这些企业的发展活力和创新能力。

（二）生态保护和绿色发展

首先，实施严格的环境保护政策，对旅游开发活动进行环境影响评估，采取措施减少对生态的影响；其次，发展生态旅游，如生态徒步、观鸟旅游等，教育游客尊重自然、享受自然的同时更要保护自然。再次，推广使用环保材料和绿色能源，减少旅游活动的碳足迹；最后，加强对游客的环保教育，如设置生态保护志愿者项目，鼓励游客参与保护环境的活动，提高公众的环保意识和责任感。

五、政策支持和区域协调

政府在红色文旅与乡村振兴的整合发展中将发挥更加关键的作用，通过制定支持政策、提供财政和技术支持、建立多级合作平台等措施，加强区域内外的协调和资源共享。并且，政府将起到桥梁和催化剂的作用，引导私人资本和社会力量参与到红色文旅项目中，共同推动区域经济和文化的复兴。

（一）政策支持的加强

预计政府将提供更多的财政资助和税收优惠来支持红色文旅项目，尤其是在数字化改造、文化遗产保护和生态环境建设等方面，这将降低企业和组织在红色文旅发展上的投入成本，激发市场活力。并且通过设立红色文旅发展专项基金和补贴政策，支持地方政府和企业开展红色文化研究、教育基地建设和国际交流等活动，提升红色文旅的品质和影响力。

（二）区域协调合作的深化

推动沈阳、抚顺、长春、哈尔滨等城市之间建立更为紧密的协同发展机制。通过共享文旅资源、统一市场推广策略，可以形成一个覆盖整个东北的红色文旅品牌，从而吸引更多的国内外游客。此外，东北三省之间的跨省界合作也应该得到加强，整合边界地区的红色文旅资源，共同开发跨省红色旅游线路和产品。

通过这些综合的政策支持和区域协调合作，东北地区的红色文旅与乡村振兴将持续健康发展，为全国的文旅产业发展树立新的典范。这些措施将确保东北地区的红色文旅产业不仅能吸引游客，还能持续地提供社会、经济和文化等多方面价值。

结　语

在东北，红色文化是极为突出和最具代表性的文化。新时代，习近平总书记充分肯定东北红色文化，要求在新的时代条件下，发扬光大革命传统传承红色基因。乡村振兴战略的颁布实施为发掘和传承东北红色文化提供了历史机遇和发展空间，赋予了其新的时代内涵，明确了东北红色文化的价值开发导向，为传播和保护东北红色文化积蓄了动力。具体而言，乡村文旅事业发展还创新了红色文化的现代化表达形式，弘扬了东北红色文化。

本书以乡村振兴为背景，首先，通过四平市的案例分析，展示如何有效地利用红色文化旅游资源，以促进乡村经济和社会的全面发展。其次，将视角扩展到辽宁省，特别分析了"八地"红色文旅的成功实践，揭示辽宁省如何通过红色文旅资源的有效开发和利用，推动地区经济和文化的复兴。再次，基于对乡村振兴与东北红色文化二者之间内在关系的深刻把握，梳理出东北红色文化发展的基本现状，提出了共享互为策略下的东北红色文旅与乡村振兴具体的整合思路和路径，展望了东北红色文旅与乡村振兴的未来发展方向，旨在为东北地区的红色文旅发展与乡村振兴提供新的策略参考，以期推动东北红色文化发展与乡村全面振兴同频共振,即打造特色文旅产业,助推乡村产业振兴;完善基层党建治理,助推乡村组织振兴;打造乡村最美生态,助推乡村生态振兴;发挥红色资源优势,助推乡村文化振兴;文化引领人才培养,助推乡村人才振兴。笔者认为,普及东北红色文化是对其最好的保护,开发利用东北红色文化则是对其最佳的传承。

当然,由于笔者的实践经验和理论知识有限,这里提出的路径仍处于研究和调查阶段,有待于实践检验和不断完善。

参考文献

[1] 中华人民共和国中央人民政府:《中华人民共和国国民经济和社会发展第十四个五年规划和 2035 年远景目标纲要》,2021 年 3 月 13 日。

[2] 习近平:《决胜全面建成小康社会　夺取新时代中国特色社会主义伟大胜利——在中国共产党第十九次全国代表大会上的报告》,《思想政治工作研究》2017 年第 11 期。

[3] 刘彦随、周扬、李玉恒:《中国乡村地域系统与乡村振兴战略》,《地理学报》2019 年第 12 期。

[4] 习近平:《在庆祝中国共产党成立九十五周年大会上的讲话》,《中共党史研究》2016 年第 7 期。

[5] 李燕琴:《乡村振兴战略的推进路径、创新逻辑与实施要点——基于欧洲一体化乡村旅游框架的启示》,《云南民族大学学报(哲学社会科学版)》2019 年第 4 期。

[6] Gartner W. C. "Rural tourism development in the USA", *International Journal of Tourism Research*, 2004, pp.151-164.

[7] 张环宙、许欣、周永广:《外国乡村旅游发展经验及对中国的借鉴》,《人文地理》2007年第4期。

[8] Nilsson P. Å. "Staying on farms: An ideological background", *Annals of tourism research*, 2002, pp.7-24.

[9] Saarinen J., Lenao M. "Integrating tourism to rural development and planning in the developing world", *Development Southern Africa*, 2014, pp.363-372.

[10] 张歆梅:《乡村旅游中游客导向的乡村性研究》,复旦大学出版社2020年版。

[11] 中华人民共和国国务院:《乡村振兴战略规划（2018—2022年）》,2018年9月26日。

[12] 刘彦随:《中国新时代城乡融合与乡村振兴》,《地理学报》2018年第4期。

[13] 张海鹏、郜亮亮、闫坤:《乡村振兴战略思想的理论渊源、主要创新和实现路径》,《中国农村经济》2018年第11期。

[14] 何仁伟:《城乡融合与乡村振兴:理论探讨、机理阐释与实现路径》,《地理研究》2018年第11期。

[15] 文丰安:《全面实施乡村振兴战略:重要性、动力及促进机制》,《东岳论丛》2022年第3期。

[16] 谢治菊、李恺茵:《我国脱贫攻坚政策的变迁及其与乡村振兴战略的衔接》,《公共治理研究》2022年第2期。

[17] 黄震方、陆林、肖飞等:《"双循环"新格局与旅游高质量发展:理论思考与创新实践》,《中国名城》2021年第2期。

[18] 李志飞:《乡村旅游存在库兹涅茨曲线吗?》,《旅游学刊》2021年第4期。

[19] 蒙艳华、吴媛姣：《全域旅游驱动乡村振兴：内在机理与实践路径》，《财务与金融》2018 年第 3 期。

[20] 陆林、任以胜、朱道才等：《乡村旅游引导乡村振兴的研究框架与展望》，《地理研究》2019 年第 1 期。

[21] 李志龙：《乡村振兴 — 乡村旅游系统耦合机制与协调发展研究——以湖南凤凰县为例》，《地理研究》2019 年第 3 期。

[22] 项晓艳：《全域旅游驱动乡村振兴：内在机理与实践路径》，《江南论坛》2019 年第 11 期。

[23] 向延平：《乡村旅游驱动乡村振兴内在机理与动力机制研究》，《湖南社会科学》2021 年第 2 期。

[24] 邓小海：《从"脱贫"迈向"振兴"：乡村旅游发展的动力转换》，《贵州社会科学》2021 年第 2 期。

[25] 葛全胜：《旅游业在乡村振兴中有大作为》，《中国旅游报》2018 年第 3 期。

[26] 宋瑞：《旅游助力乡村振兴需要关注五个问题》，《中国旅游报》2018 年第 3 期。

[27] 周波、叶顺：《以知识转移促进后脱贫时代乡村旅游产业与人才双振兴》，《旅游学刊》2021 年第 4 期。

[28] 徐宏、李军：《民族地区全域旅游开发驱动乡村振兴机理与发展策略》，《商业经济研究》2021 年第 11 期。

[29] 仇叶：《乡村旅游产业的过密化及其对乡村振兴的影响——对乡村产业振兴路径的反思》，《贵州社会科学》2020 年第 12 期。

[30] 徐冬：《旅游开发对乡村文化的胁迫效应与机理研究》，南京师范大学博士学位论文，2020 年。

[31] 陈碧玉：《乡村振兴战略下的乡村旅游发展路径研究》，《科技资讯》

2022 年第 8 期。

[32] 陆林、任以胜、朱道才等：《乡村旅游引导乡村振兴的研究框架与展望》，《地理研究》2019 年第 1 期。

[33] 银元、李晓琴：《乡村振兴战略背景下乡村旅游的发展逻辑与路径选择》，《国家行政学院学报》2018 年第 5 期。

[34] 李志龙：《乡村振兴 — 乡村旅游系统耦合机制与协调发展研究——以湖南凤凰县为例》，《地理研究》2019 年第 3 期。

[35] 蔡克信、杨红、马作珍莫：《乡村旅游：实现乡村振兴战略的一种路径选择》，《农村经济》2018 年第 9 期。

[36] 习近平：《习近平谈治国理政》（第二卷），外文出版社 2018 年版。

[37] 刘寿礼：《苏区"红色文化"对中华民族精神的丰富和发展研究》，《求实》2004 年第 7 期。

[38] 杨晓苏：《红色文化价值生成的渊源及其核心价值观探究》，《学校党建与思想教育》2014 年第 17 期。

[39] 汤夺先、王雯雯：《红色文化铸牢中华民族共同体意识：内容构成、价值阐释与实践路径——以渡江战役总前委旧址为叙事载体》，《民族学刊》2023 年第 1 期。

[40] 王丽荣、杨党校：《新时代红色文化的叙事创新》，《人民论坛》2021 年第 28 期。

[41] 钟秀利、杨艳春、罗春洪：《试析红色文化的政治价值——执政文化的视角》，《求实》2007 年第 11 期。

[42] 沈成飞、连文妹：《论红色文化的内涵、特征及其当代价值》，《教学与研究》2018 年第 1 期。

[43] 刘波亚：《红色文化认同的政治逻辑》，《甘肃社会科学》2016 年第 4 期。

[44] 李水弟、傅小清、杨艳春：《历史与现实：红色文化的传承价值探析》，《江西社会科学》2008年第6期。

[45] 中共中央办公厅、国务院办公厅：《2004—2010年全国红色旅游发展规划纲要》，2004年。

[46] 文化部、国家旅游局：《关于促进文化与旅游结合发展的指导意见》，2009年9月15日。

[47] 文化和旅游部：《关于印发〈"十四五"文化和旅游发展规划〉的通知》，2021年6月3日。

[48] 程圩、张澄：《见人、见物、见精神：发展红色旅游的根本遵循与重要路径》，《旅游学刊》2021年第6期。

[49] 肖钊富、彭贤伟、李瑞等：《乡村振兴与乡村旅游协调发展时空演变及驱动因子——以四川省为例》，《资源开发与市场》2022年第1期。

[50] 陈永典、于丽娜：《红色文化资源赋能乡村振兴的路径——以大别山地区为例》，《中南民族大学学报（人文社会科学版）》2023年第12期。

[51] 黄细嘉、惠荣：《红色旅游与共同富裕：耦合关系、价值共创与实现路径》，《社会科学家》2023年第10期。

[52] 刘梦瑶、王鹏飞、贺星等：《红色旅游驱动下传统村落的重构与空间生产研究——以北京市门头沟区马栏村为例》，《地理研究》2023年第6期。

[53] 余永华、李国镇：《政治经济学视域下红色旅游高质量发展的若干思考》，《江西社会科学》2023年第3期。